매일 위대해지는 글쓰기

씀

저자 최승한

경인교육대학교 국어교육과를 졸업하고, 서울교육대학교에서 국어교육 석사 학위를 받았습니다. 서울 창림초등학교와 운현초등학교 교사로 있었으며, 서울교육대학교 초등국어교육연구소와 한국교과서연구재단의 연구원을 지냈습니다. 2009 개정 교육과정과 2015 개정 교육과정 초등학교 국어 교과서를 집필하였고, 2022 개정 교육과정 국어 교과서 집필에 참여했습니다. 또, 유치원, 초등학교, 도서관에서 학부모를 대상으로 한글 및 독서·논술 교육 강사로 활동하고 있습니다.

지은 책으로 『미리 보고 개념 잡는 초등 독서감상문 쓰기』, 『안중근: 이야기 교과서 인물』, 『한글을 깨치는 비법 한깨비 한글 공부 1~5』, 『초등 글쓰기 무작정 따라하기: 첫걸음 편』, 『책 읽어주기의 힘』 등이 있습니다.

- 블로그: https://blog.naver.com/tomatovirus1
- 이메일: tomatovirus@hanmail.net

매일 위대해지는 글쓰기
씀 초등 4단계

초판 1쇄 인쇄 2024년 4월 19일
초판 1쇄 발행 2024년 4월 30일

지은이 최승한
발행인 박효상 | **편집장** 김현 | **기획·편집** 장경희, 이한경
디자인 임정현 | **마케팅** 이태호, 이전희 | **관리** 김태옥
교정·교열 진행 박나리 | **내지 디자인** 페이지트리 | **삽화** 권석란

종이 월드페이퍼 | **인쇄·제본** 예림인쇄·바인딩 | **출판등록** 제10-1835호
펴낸 곳 사람in | **주소** 04034 서울시 마포구 양화로11길 14-10(서교동) 3F
전화 02) 338-3555(代) **팩스** 02) 338-3545 | **E-mail** saramin@netsgo.com
Website www.saramin.com

책값은 뒤표지에 있습니다.
파본은 바꾸어 드립니다.
ⓒ 최승한 2024

ISBN 979-11-7101-060-8　64710
　　　979-11-7101-010-3 (set)

어린이제품안전특별법에 의한 제품표시	
제조자명 사람in	**전화번호** 02-338-3555
제조국명 대한민국	**주　소** 서울시 마포구 양화로
사용연령 5세 이상 어린이 제품	11길 14-10 3층

우아한 지적만보, 기민한 실사구시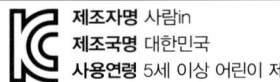

매일 위대해지는 글쓰기

초등 4 단계

씀

최승한 지음

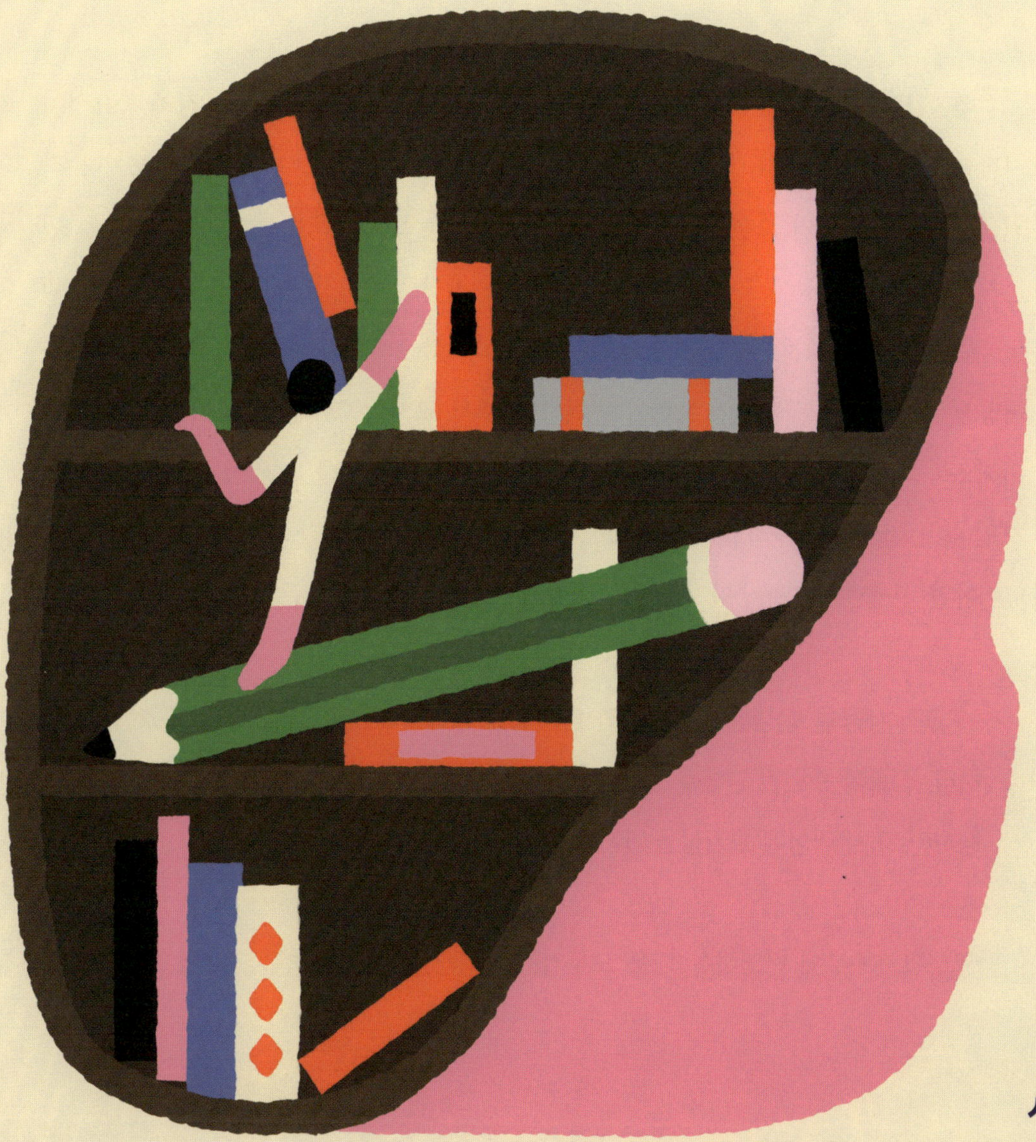

사람in

머리말

'쓰기'의 중요성이 나날이 커지고 있습니다. 예전에는 객관식 정답만 잘 맞히면 좋은 성적을 받을 수 있었지만, 이제는 쓰기를 잘해야 합니다. 주관식 문제뿐 아니라 수행평가 비중이 높아지면서 수학에서도 문제 해결 과정을 글로 표현할 수 있어야 합니다. 마찬가지로 과학도 단순히 무언가를 아는 것보다 그 적용을 중시합니다. 실험만 하는 것이 아니라 실험한 결과를 글로 쓸 수 있어야 한다는 말입니다.

수행평가뿐만이 아닙니다. 논술은 그 의미를 재조명받고, 대입에서도 점차 중요성이 커질 것으로 예상됩니다. 그리고 더 중요한 것이 있습니다. 학교나 사회는 학생이나 직원을 선발할 때 그가 오랫동안 꾸준히 한 분야에서 성과를 얻기 위해 어떤 노력을 했는지 알아보기 위해 '학교생활기록부(교과 학습 발달 상황, 창의적 체험활동 상황, 행동 특성 및 종합 의견)' 자체를 중요하게 여깁니다. 학교생활기록부에는 학생이 '무엇을 어떻게' 노력했는지 구체적인 표현이 들어가야 해서 교사는 그 학생이 무언가를 이루기 위해 노력하는 과정을 관찰·평가할 수 있는 자료가 필요합니다. 그것이 바로 학생의 '쓰기'입니다. 학생이 탐구하고 있다는 그 자체가 중요한 게 아니라 '어떻게' 했는지 볼 수 있어야만 선생님도 학교생활기록부를 충실히 기록할 수 있기 때문입니다.

> "교과 내용을 실생활의 관심사와 연계하여 탐구하라, 심화한 교과 탐구활동을 하라, 진로에 관련된 경험을 꾸준히 쌓으라, 새로운 탐구 주제를 찾아 연구를 진행하라, 어떤 대상에 호기심을 가지고, 깊고 꾸준히 연구하라."

학교생활기록부에 반영하는 내용 모두가 '수준 높은 쓰기 능력'을 필요로 합니다. 학생은 글을 완성하는 능력을 갖춰야만 자신이 이룩한 성과를 타인에게 설명할 수 있습니다. 이를 위해서 말하기도 중요하겠지만 이보다 더 연습이 필요한 기능이 '쓰기'라는 것은 누구도 부정할 수 없습니다. 핵심어를 토대로 자유자재로 글을 쓸 수 있다면 학교나 사회에서 필요한 인재가 될 수 있습니다. 따라서 이제는 매일 꾸준히 글을 쓰는 연습을 해야 하는 시대가 된 것입니다.

쓰기의 기초를 갖춰야 할 초등학교부터 쓰기를 어려워하는 학생이 많습니다. 미디어의 영향으로 책을 읽고, 쓰는 시간이 줄어들었기 때문입니다. 하지만 앞에서 강조한 시대의 요구에 따라 아이들은 쓰기 연습을 단계적으로 매일 꾸준히 반복적으로 해야 합니다. 〈매일 위대해지는 글쓰기 쏨〉은 1, 2, 3단계에 이어 한층 심화한 4, 5, 6단계를 준비했습니다. 6단계까지 꾸준히 연습하다 보면 아이들은 쓰기의 기초를 체계적으로 습득하게 되고, 결국 쓰기 활동을 즐길 기회를 얻을 것입니다. 매일 한두 쪽의 분량을 정해서 반복적으로 쓰는 시간을 가지며 2~3년을 꾸준히 노력한다면 '쓰기'라는 커다란 과제를 전략적으로 해결할 수 있으리라 생각합니다.

이 책을 통해 학생들이 쓰기에 재미를 느끼며 독창적인 자신만의 글을 쓸 수 있는 때가 좀 더 빨리 오기를 바랍니다.

최승한

차례

머리말	4
구성 및 특징	8
학습 체크	9

1단원 재미있게 쓰기

01	여러 가지 낱말로 재미있는 문장 만들기 ①	12
02	여러 가지 낱말로 재미있는 문장 만들기 ②	14
03	꾸밈말을 넣어 재미있는 문장 만들기	16
04	사실과 의견으로 이어 쓰기	18
05	여러 가지 방법으로 이어 쓰기 ①	20
06	여러 가지 방법으로 이어 쓰기 ②	22
07	릴레이 글쓰기	24
08	오감을 활용한 표현을 넣어 세 문장 쓰기	26
09	오감을 활용한 표현을 넣어 글쓰기 ①	28
10	오감을 활용한 표현을 넣어 글쓰기 ②	30

2단원 바르게 문단 쓰기

01	문단 쓰기 ①	34
02	문단 쓰기 ②	36
03	문단 점검하기	38
04	여러 가지 주제로 문단 구성하기 – ① 운동	40
05	여러 가지 주제로 문단 구성하기 – ② 독후감	42
06	여러 가지 주제로 문단 구성하기 – ③ 중국집	44
07	여러 가지 주제로 문단 구성하기 – ④ 만화책	46
08	여러 가지 주제로 문단 구성하기 – ⑤ 장난감	48
09	예절을 지켜 글쓰는 방법 알기	50
10	예절을 지켜 글쓰기	54

3단원 국어사전 활용하기

01	국어사전에서 낱말 찾기	58
02	낱말의 뜻을 이해하고 글쓰기 – ① 의미 관계	62
03	낱말의 뜻을 이해하고 글쓰기 – ② 다의어	66
04	사전을 활용한 주제별 글쓰기 – ① 남극	68
05	사전을 활용한 주제별 글쓰기 – ② 공항	70
06	사전을 활용한 주제별 글쓰기 – ③ 코로나	72
07	사전을 활용한 주제별 글쓰기 – ④ 플라스틱	74
08	사전을 활용한 주제별 글쓰기 – ⑤ 세종특별자치시	76

4단원 원고지 쓰기

01	문장 부호 쓰기 ①	80
02	문장 부호 쓰기 ②	82
03	문장 부호 쓰기 연습	84
04	원고지에 숫자와 영어 쓰기	86
05	원고지에 동시 쓰기	88

5단원 장르 및 목적에 따라 글쓰기 (1)

01	일기 – ① 글감 찾고 생각이나 느낌 적기	94
02	일기 – ② 다양한 형식으로 일기 쓰기	96
03	생활문 – ① 마음을 드러내는 표현 알기	102
04	생활문 – ② 겪은 일을 실감 나게 쓰기	104
05	편지글 – ① 전하고 싶은 마음 적기	106
06	편지글 – ② 마음을 전하는 글쓰기	110
07	이야기 쓰기 – ① 인물, 사건, 배경	114
08	이야기 쓰기 – ② 이야기 상상하여 이어 쓰기	116
09	이야기 쓰기 – ③ 이야기 바꾸어 쓰기	118

6단원 장르 및 목적에 따라 글쓰기 (2)

01	설명하는 글 – ① 내용 간추리기	122
02	설명하는 글 – ② 이야기 줄거리 쓰기	126
03	설명하는 글 – ③ 자신의 미래 모습 상상하기(꿈 쓰기)	130
04	설득하는 글 – ① 회의 주제에 맞는 글 작성하기	134
05	설득하는 글 – ② 글쓴이의 의견이 적절한지 평가하기	136
06	설득하는 글 – ③ 제안하는 글쓰기	140

7단원 여러 가지 글 익히기

01	생각 떠올리고 내용 정리하기 – 브레인스토밍	146
02	마인드맵 그리기	148
03	개요 짜기 – 다양한 형식으로 독서 감상문 쓰기	152
04	교과서 글쓰기 – ① 여러 가지 사각형(수학)	158
05	교과서 글쓰기 – ② 공공 기관(사회)	162

답안 가이드   167

구성 및 특징

✏️ 이 책은 이렇게

〈매일 위대해지는 글쓰기 씀〉을 통해 글쓰기의 기초를 차근차근 알고 단계별로 제대로 된 여러 종류의 글쓰기를 해 볼 수 있습니다.

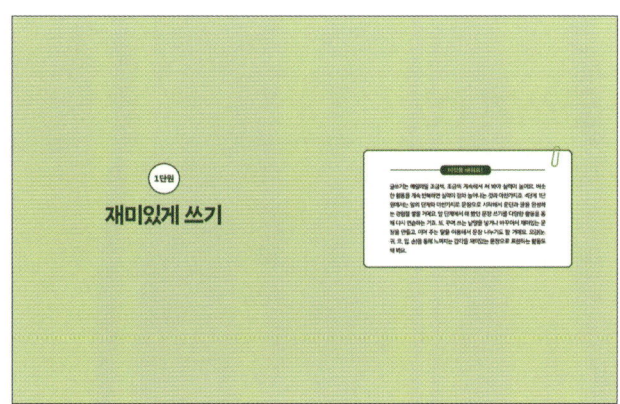

이것을 배워요!
해당 단원에서 어떤 내용을 배우는지 간단히 정리합니다.

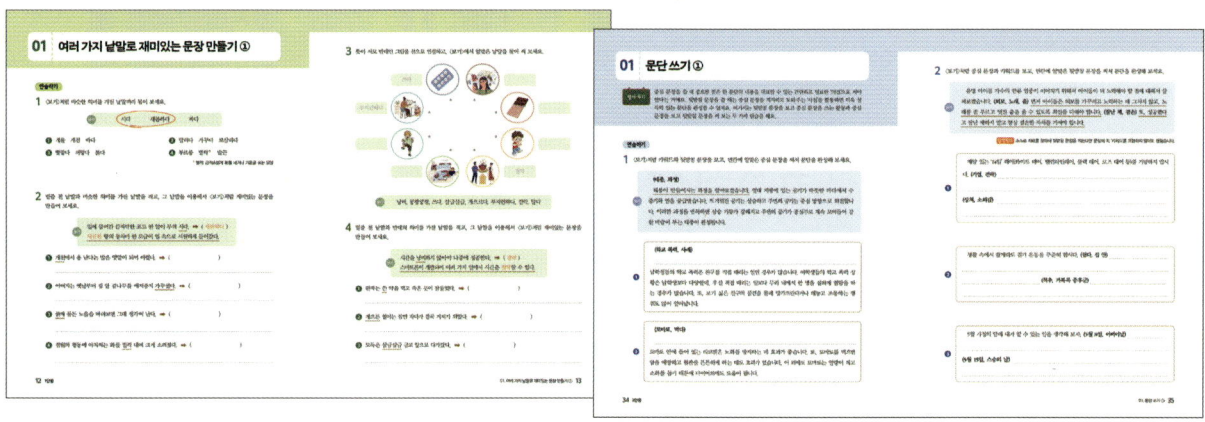

본격 글쓰기 연습
낱말부터 문장과 문단까지 다양한 종류의 글쓰기를 '연습하기'와 '직접 써 보기' 코너를 통해 차근차근 연습합니다.

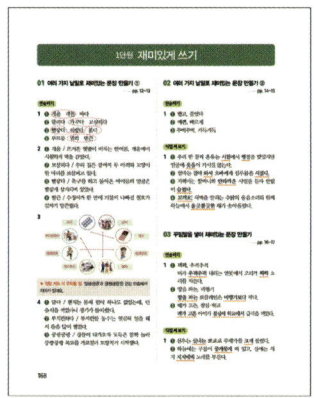
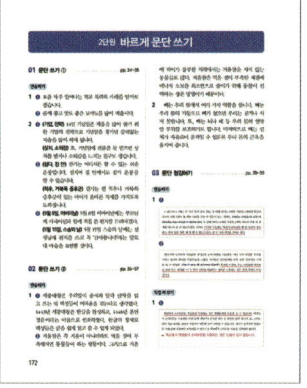

답안 가이드
문제의 정답과 예시 답안을 제공합니다. 부모님이 지도할 때 참고할 내용도 함께 실었습니다.

학습 체크

✏️ 오늘은 여기까지

각각의 내용을 언제 연습했는지 표시하면서 한 권을 제대로 끝내 보세요!

1단원		
유닛	날짜	확인
01	___월 ___일	
02	___월 ___일	
03	___월 ___일	
04	___월 ___일	
05	___월 ___일	
06	___월 ___일	
07	___월 ___일	
08	___월 ___일	
09	___월 ___일	
10	___월 ___일	

2단원		
유닛	날짜	확인
01	___월 ___일	
02	___월 ___일	
03	___월 ___일	
04	___월 ___일	
05	___월 ___일	
06	___월 ___일	
07	___월 ___일	
08	___월 ___일	
09	___월 ___일	
10	___월 ___일	

3단원		
유닛	날짜	확인
01	___월 ___일	
02	___월 ___일	
03	___월 ___일	
04	___월 ___일	
05	___월 ___일	
06	___월 ___일	
07	___월 ___일	
08	___월 ___일	

4단원		
유닛	날짜	확인
01	___월 ___일	
02	___월 ___일	
03	___월 ___일	
04	___월 ___일	
05	___월 ___일	

5단원		
유닛	날짜	확인
01	___월 ___일	
02	___월 ___일	
03	___월 ___일	

04	___월 ___일	
05	___월 ___일	
06	___월 ___일	
07	___월 ___일	
08	___월 ___일	
09	___월 ___일	

6단원		
유닛	날짜	확인
01	___월 ___일	
02	___월 ___일	
03	___월 ___일	
04	___월 ___일	
05	___월 ___일	
06	___월 ___일	

7단원		
유닛	날짜	확인
01	___월 ___일	
02	___월 ___일	
03	___월 ___일	
04	___월 ___일	
05	___월 ___일	

1단원
재미있게 쓰기

이것을 배워요!

글쓰기는 매일매일 조금씩, 조금씩 계속해서 써 봐야 실력이 늘어요. 비슷한 활동을 계속 반복하면 실력이 점차 늘어나는 것과 마찬가지죠. 4단계 1단원에서는 앞의 단계와 마찬가지로 문장으로 시작해서 문단과 글을 완성하는 경험을 쌓을 거예요. 앞 단계에서 해 봤던 문장 쓰기를 다양한 활동을 통해 다시 연습하는 거죠. 또, 꾸며 쓰는 낱말을 넣거나 바꾸어서 재미있는 문장을 만들고, 이어 주는 말을 이용해서 문장 나누기도 할 거예요. 오감(눈, 귀, 코, 입, 손)을 통해 느껴지는 감각을 재미있는 문장으로 표현하는 활동도 해 봐요.

01 여러 가지 낱말로 재미있는 문장 만들기 ①

연습하기

1 〈보기〉처럼 비슷한 의미를 가진 낱말끼리 묶어 보세요.

> 보기   시다   새콤하다   짜다

① 개울 개천 바다
② 달리다 가꾸다 보살피다
③ 빨갛다 퍼렇다 붉다
④ 부르릉 벌컥* 발끈

* 벌컥: 급작스럽게 화를 내거나 기운을 쓰는 모양

2 밑줄 친 낱말과 비슷한 의미를 가진 낱말을 적고, 그 낱말을 이용해서 〈보기〉처럼 재미있는 문장을 만들어 보세요.

> 보기
> 입에 들어간 큼지막한 포도 한 알이 무척 시다. ➡ (새콤하다)
> 새콤한 향의 동치미 한 모금이 입 속으로 시원하게 들어갔다.

① 개천에서 용 난다는 말은 옛말이 되어 버렸다. ➡ (   )

----

② 아버지는 옛날부터 집 앞 감나무를 애지중지 가꾸셨다. ➡ (   )

----

③ 붉게 물든 노을을 바라보면 그대 생각이 난다. ➡ (   )

----

④ 점원의 행동에 아저씨는 화를 벌컥 내며 크게 소리쳤다. ➡ (   )

----

3 뜻이 서로 반대인 그림을 선으로 연결하고, 〈보기〉에서 알맞은 낱말을 찾아 써 보세요.

<보기> 낭비, 쿵쾅쿵쾅, 쓰다, 살금살금, 게으르다, 부지런하다, 절약, 달다

4 밑줄 친 낱말과 반대의 의미를 가진 낱말을 적고, 그 낱말을 이용해서 〈보기〉처럼 재미있는 문장을 만들어 보세요.

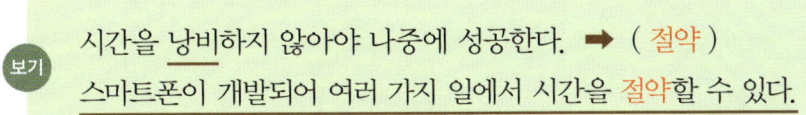

<보기> 시간을 낭비하지 않아야 나중에 성공한다. ➡ (절약)
스마트폰이 개발되어 여러 가지 일에서 시간을 절약할 수 있다.

❶ 환자는 쓴 약을 먹고 죽은 듯이 잠들었다. ➡ (   )

----

❷ 게으른 철이는 잠만 자다가 결국 거지가 되었다. ➡ (   )

----

❸ 도둑은 살금살금 금고 앞으로 다가갔다. ➡ (   )

----

02 여러 가지 낱말로 재미있는 문장 만들기 ②

연습하기

1 〈보기〉처럼 네모 칸 안의 낱말을 모두 활용해 그림을 표현하는 문장을 완성해 보세요.

달걀, 귤

얼굴이 달걀 모양인 아이가 새콤달콤한 귤을 먹고 있다.

빨다, 쓸다

봄을 맞아 이불을 깔끔히 _____ 집 안 구석구석을

깨끗이 _____ .

하나 더!
움직임을 나타내는 낱말이나 상태나 성질을 나타내는 낱말은 문장에서 모양을 바꾸어서 사용할 수 있어요.

예쁘다, 빠르다

_____ 소녀가 머리카락을 휘날리며 운동장을

_____ 달렸다.

키득키득, 꾸벅꾸벅

_____ 졸고 있는 엄마를 보며 아기가

_____ 웃었다.

직접 써 보기

1 〈보기〉처럼 네모 칸 안의 낱말을 모두 활용해 한 문장을 만들어 보세요.

> 보기
> 이름을 나타내는 낱말 　강아지, 뺨
> ➡ 아침에 일어나 보니 강아지가 내 뺨을 핥고 있었다.

❶ 이름을 나타내는 낱말 　시험, 빵점, 웃음

> 예시 　시험에서 빵점을 맞았지만 그냥 웃음이 나왔다.
>
> ➡ ┈┈┈┈┈┈┈┈┈┈┈┈┈┈┈┈┈┈┈┈┈┈┈┈┈┈┈┈┈┈┈┈

❷ 움직임을 나타내는 낱말 　시키다, 오다

> 예시 　짜장면을 시킨 지 5분 만에 배달이 왔다.
>
> ➡ ┈┈┈┈┈┈┈┈┈┈┈┈┈┈┈┈┈┈┈┈┈┈┈┈┈┈┈┈┈┈┈┈

❸ 상태나 성질을 나타내는 낱말 　안타깝다, 슬프다

> 예시 　안타까운 사건이 벌어졌고, 많은 이가 슬프게 울었다.
>
> ➡ ┈┈┈┈┈┈┈┈┈┈┈┈┈┈┈┈┈┈┈┈┈┈┈┈┈┈┈┈┈┈┈┈

❹ 모양이나 소리를 나타내는 낱말 　꼬끼오, 울긋불긋

> 예시 　울긋불긋한 볏을 가진 수탉이 꼬끼오 하고 울었다.
>
> ➡ ┈┈┈┈┈┈┈┈┈┈┈┈┈┈┈┈┈┈┈┈┈┈┈┈┈┈┈┈┈┈┈┈

03 꾸밈말을 넣어 재미있는 문장 만들기

연습하기

1 〈보기〉처럼 빈칸에 알맞은 꾸밈말을 넣어서 그림을 표현하는 문장을 완성해 보세요.

보기:

어떤	대상	어떻게	동작
거대한	공룡	빠르게	달리다

거대한 공룡이 초원을 빠르게 달렸다.

❶

소리	대상	모양	대상
	오리		비

잠깐만!! '소리'와 '모양'은 각각 '소리를 나타내는 말'과 '모양을 나타내는 말'을 뜻해요.

❷

무엇을 어찌한	대상	~보다	성질·모양
	포클레인		작다

------

❸

무엇이 어떠한	대상	언제·어디서	움직임
	아이		먹다

직접 써 보기

1 제시된 꾸밈말을 알맞은 위치에 넣어 〈보기〉처럼 재미있는 문장을 만들어 보세요.

> 보기
> (어떤) (어떻게) 여은이는 책을 읽었다.
> ➡ 예쁜 여은이는 책을 열심히 읽었다.

❶ (어떤) (어떻게) 신우는 뽀로로 주제가를 불렀다.

❷ (모양을 흉내 낸 말), (소리를 흉내 낸 말) 하늘에는 구름이 떠 있고, 산에는 새가 노래를 부른다.

❸ (어떻게) (무엇보다) 눈이 내린 크리스마스 밤, 산타클로스는 코가 빨개졌다.

❹ (언제), (어디에서), (누구와) 주혁이는 햄버거를 먹었다.

❺ (무엇이 어떠한), (무엇을 어찌한) 손흥민은 골을 넣었다.

❻ (언제), (어디에서), (어떤), (어떻게) 태희는 하량이에게 선물을 주었다.

04 사실과 의견으로 이어 쓰기

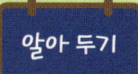 어떤 사실과 그것에 관한 자신의 생각이나 느낌을 조화롭게 넣어 주면 좋은 글을 쓸 수 있어요. '있었던 일(사실)'과 '그에 대한 생각(의견)'을 바탕으로 글 쓰는 연습을 해 봐요.

연습하기

1 다음 그림을 보고, 사실(본 일, 한 일, 들은 일)을 적은 후, 그에 대한 자신의 생각을 써 보세요.

학예회에서 있었던 일을 떠올려 볼까요?

보기
- **본 일** 학예회에서 율하가 '첫사랑'이라는 노래를 불렀다.
- **의견** 율하가 아름다운 목소리로 노래를 부르니 하늘에서 천사가 내려온 것 같았다.

❶
- 한 일 ......
- 의견 ......

❷
- 들은 일 ......
- 의견 ......

잠깐만!! 자신이 학예회에서 직접 겪은 일을 떠올려서 적어도 괜찮아요.

직접 써 보기

1 다음 그림을 보고, 〈보기〉처럼 빈칸에 알맞은 '사실이나 의견'을 써서 한 문단을 완성해 보세요.

보기

사실 　어제 눈이 많이 내려서 온 세상이 하얗게 됐습니다.
사실 　운동장에서 친구들과 눈사람을 만들고 눈싸움을 했습니다.
의견 　나는 영원히 눈이 녹지 않으면 좋겠다고 생각했습니다.

❶

월	플라스틱
화	종이, 불연성
수	캔, 고철
목	종이, 비닐
금	플라스틱
토	종이, 불연성
일	플라스틱, 비닐

사실 　제주도는 요일별로 배출하는 재활용품이 다릅니다.
사실 　--

의견 　철저하게 분리수거해서 깨끗한 거리를 만들고 싶습니다.

❷

사실 　제22회 카타르 월드컵이 2022년 개최되었습니다.
사실 　--

의견 　--

04. 사실과 의견으로 이어 쓰기

05 여러 가지 방법으로 이어 쓰기 ①

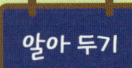 이어 쓰는 방법으로는 '예를 들어 쓰기, 빗대어 쓰기, 비교·대조하여 쓰기, 원인과 결과로 쓰기' 등이 있어요.

연습하기

1 〈보기〉처럼 질문에 대한 답을 하며, 여러 가지 방법으로 이어 주는 문장을 써 보세요.

보기
㉠ 사람들이 음악을 듣는 까닭은 무엇일까요?
㉡ 사람이 즐거움을 얻기 위해 듣는 음악에는 무엇이 있을까요?
㉢ 그중에서 자신이 가장 좋아하는 음악은 무엇일까요?

➡ ㉠ 사람들은 즐거움을 얻기 위해 음악을 듣는다. ㉡ <u>(예를 들어 쓰기) 예를 들면, 우리는 가요, 재즈, 크리스마스 캐럴 등을 들으면 즐거운 기분이 든다.</u> ㉢ <u>그중에서도 나는 내가 좋아하는 가수의 가요를 들을 때가 가장 행복하다.</u>

❶
㉠ 사람들이 스포츠 보는 것을 좋아하는 까닭은 무엇일까요?
㉡ 최선을 다해 뛰는 선수를 생각하면 누가 떠오르나요?
㉢ 선수가 최선을 다한 모습 중 기억나는 장면이 있나요?

➡ ㉠ 사람들은 스포츠를 보면서 승리를 위해 최선을 다하는 선수들의 모습을 좋아한다.
㉡ (예를 들어 쓰기) _____
㉢ 그중에서도 _____ 장면이 기억에 남는다.

❷
㉠ '학교' 하면 떠오르는 생각(낱말)을 적어 보세요.
㉡ 그렇게 생각한 이유는 무엇인가요?
㉢ '학교'에 가는 것이 즐거우려면 어떻게 해야 할까요?

➡ ㉠ (빗대어 쓰기) 학교는 _____ 처럼 _____.
㉡ (원인과 결과로 쓰기) 왜냐하면 _____.
㉢ 학교 가는 것이 즐거우려면 _____.

3

㉠ 공통점과 차이점을 비교하고 싶은 두 대상을 적어 보세요.
㉡ 두 대상의 공통점은 무엇인가요?
㉢ 두 대상의 차이점은 무엇인가요?

➡ ㉠ 나는 _____ 와/과 _____ 의 공통점과 차이점을 비교하고 싶다.
㉡ (비교·대조하여 쓰기-공통점) _____
㉢ (비교·대조하여 쓰기-차이점) 하지만 _____
_____.

4

㉠ '콜라 마시기'를 빗대어 표현해 보세요.
㉡ '콜라 마시기'를 빗대어 표현한 낱말이나 어구를 생각하면 가장 먼저 떠오르는 것은 무엇인가요?
㉢ '콜라 마시기'와 '㉡에서 떠올린 것'의 공통점이나 차이점을 적어 보세요.

➡ ㉠ (빗대어 쓰기) 콜라 마시기는 _____ 처럼 _____ .
㉡ _____
_____
㉢ (비교·대조하여 쓰기) '콜라 마시기'와 _____ 은/는 _____
_____.

5

㉠ 자신이 좋아하는 취미를 적어 보세요.
㉡ 그 취미를 좋아하는 이유는 무엇입니까?
㉢ 자신이 좋아하는 취미와 비슷한 특성을 가진 취미를 적어 보세요.

➡ ㉠ 나는 _____ 을/를 좋아한다. ㉡ (원인과 결과로 쓰기) 왜냐하면
_____
_____. ㉢ (예를 들어 쓰기)
_____
_____
_____

06 여러 가지 방법으로 이어 쓰기 ②

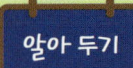 이어 쓰는 또 다른 방법으로 '다음에 일어난 일 쓰기, 내용이 비슷하거나 반대되는 문장 쓰기, 전체와 부분으로 쓰기, 문제와 해결로 쓰기'가 있어요.

연습하기

1 〈보기〉처럼 질문에 대한 답을 하며, 이어 주는 말에 어울리는 문장을 써 보세요.

> 보기
> ㉠ 비가 오면 생각나는 장면은 무엇인가요?
> ㉡ 비가 오면 또 떠오르는 장면은 무엇인가요?
> ㉢ 자신은 비가 오는 날을 어떻게 생각하나요?
> ➡ ㉠ 비가 오면 땅 밖으로 나오는 지렁이가 생각난다. ㉡ **(내용이 비슷하거나 반대되는 문장 쓰기)** 그리고 달팽이가 물이 묻은 초록색 잎을 천천히 기어가는 장면이 떠오른다. ㉢ 나는 이렇게 비가 오는 날을 아름답다고 생각한다.

❶
㉠ 현재 지구가 가지고 있는 문제는 무엇인가요?
㉡ 그 문제가 지속되면 어떤 일이 일어날까요?
㉢ 그 문제를 해결하려면 우리가 어떻게 해야 할까요?

➡ ㉠ 현재 지구는 _____ 문제를 가지고 있다.
㉡ **(다음에 일어난 일 쓰기)** _____
㉢ **(문제와 해결로 쓰기)** 이러한 문제를 해결하기 위해서 _____.

❷
㉠ '사각형'은 무엇으로 이루어져 있나요?
㉡ '사각형'의 종류에는 무엇이 있나요?
㉢ 주변에 '사각형' 모양인 물건에는 무엇이 있나요?

➡ ㉠ **(전체와 부분으로 쓰기)** 사각형은 네 개의 _____ (으)로 이루어져 있다. ㉡ 사각형에는 사다리꼴, 평행사변형, _____ 등이 있다. ㉢ **(예를 들어 쓰기)** _____

❸
⊙ 자전거는 무엇으로 이루어져 있나요?
ⓒ 자전거를 탈 때 힘든 점은 무엇인가요?
ⓒ 힘든 점을 어떻게 해결할 수 있을까요?

➡ ⊙ (전체와 부분으로 쓰기) _____
_____
ⓒ _____ 문제가 있다.
ⓒ (문제와 해결로 쓰기) 이를 해결하기 위해서는 _____
_____.

❹
⊙ 백설공주는 왜 독사과를 먹게 되나요?
ⓒ 백설공주가 독사과를 먹은 후 일곱 난쟁이는 백설공주를 어떻게 했나요?
ⓒ 백설공주가 다시 일어나려면 어떻게 해야 할까요?

➡ ⊙ 백설공주의 계모가 _____
_____. ⓒ (다음에 일어난 일 쓰기) 일곱 난쟁이는 백설공주가 죽은 것을 슬퍼하며 백설공주를 숲속의 유리관에 누인다.
ⓒ (문제와 해결로 쓰기) _____
_____.

❺
⊙ 자신이 가장 좋아하는 만화나 영화의 장면은 무엇인가요?
ⓒ 그 장면과 비슷한 장면에는 무엇이 있나요?
ⓒ 그 장면과 반대되는 장면에는 무엇이 있나요?

➡ ⊙ 나는 _____ 을/를 가장 좋아한다. ⓒ (내용이 비슷하거나 반대되는 문장 쓰기) _____
_____
ⓒ (내용이 비슷하거나 반대되는 문장 쓰기) 하지만 _____
_____.

07 릴레이 글쓰기

직접 써 보기

1 〈보기〉처럼 제시된 조건을 만족시키며 문장을 이어 써서 '릴레이 글'을 완성해 보세요.

보기

1. 동물원에 갔다.

조건: 다음에 일어난 일 쓰기 / 사용 낱말: 매표소, 파충류, 환하다

2. <u>매표소</u> 앞에서 <u>환하게</u> 웃고 있는 머리가 긴 이상한 남자가 <u>파충류</u> 전시관에 꼭 가 보라고 말했다.

조건: 빗대어 쓰기 / 사용 낱말: 뱀, 쉭쉭

3. 파충류 전시관에 도착하자 줄넘기처럼 긴 <u>뱀</u>이 <u>쉭쉭</u> 대며 다가와서 나에게 혀를 날름거리며 말했다. "나는 이곳이 너무 답답해. 나를 꺼내 줄 수 있니?"

조건: 문제와 해결로 쓰기 / 사용 낱말: 간단하다, 외치다

4. 나는 뱀에게 어떻게 하면 꺼내 줄 수 있냐고 물었다. "그건 <u>간단해</u>. '도막사라무!'라고 크게 <u>외쳐</u> 주면 돼!"라고 뱀이 대답했다.

조건: 비교·대조하여 쓰기 / 사용 낱말: 하지만, 악어

5. <u>하지만</u> 나는 뱀과 <u>악어</u>, 도마뱀과 같은 파충류를 무지 싫어한다.

조건: 원인과 결과로 쓰기 / 사용 낱말: 스컹크, 좋아하다

6. 그래서 결국 주문을 외지 않고 밖으로 나와서 내가 <u>좋아하는</u> <u>스컹크</u>를 보러 갔다. 뱀은 나를 보며 "살려 줘!"라고 외쳤지만 내 마음은 아무렇지도 않았다.

❶ 우리 교실에 대해서 설명해 보려고 합니다.

↓

조건: 전체와 부분으로 쓰기 / **사용 낱말:** 선생님, 학생, 사물함

❷

↓

조건: 비교·대조하여 쓰기 / **사용 낱말:** 깨끗하다, 지저분하다

❸

↓

조건: 내용이 비슷하거나 반대되는 문장 쓰기 / **사용 낱말:** 피카소, 유치원생

❹

↓

❺ 그렇지만 우리 교실이 지저분하든 깨끗하든 나는 이 장소를 사랑합니다.

↓

조건: 원인과 결과로 쓰기 / **사용 낱말:** 1년, 부탁하다

❻

08 오감을 활용한 표현을 넣어 세 문장 쓰기

연습하기

1 〈보기〉처럼 어떤 대상을 표현한 글인지 쓰고, 밑줄 친 부분에 그 대상을 오감으로 표현하는 문장을 써 보세요.

> **보기**
> 이것을 보면 검은색 딱따구리의 모습이 떠오른다. 아무런 냄새와 맛도 나지 않는 사각형의 네모난 기계지만 그 안에는 신비로운 세상이 가득 차 있다. <u>촉각</u> 이것을 만져 보면 플라스틱 장난감처럼 차갑지만 계속 사용하다 보면 보온 밥솥처럼 따뜻해진다. 이것을 계속 사용하면 엄마의 말이 속사포처럼 내 귀에 꽂힌다.
>
> **대상:** 스마트폰

❶ 이것을 먹으면 달고 짠 맛이 내 코끝으로 훅 올라온다. 붉은색과 녹색, 약간의 황토색 빛깔이 화려한 불꽃놀이처럼 눈에 들어온다. <u>촉각</u> _____
_____
_____ 이것을 쩝쩝대며 노란색 감자튀김과 함께 먹으면 빠른 시간 안에 배를 채울 수 있다.

대상:

❷ 붉은색 뜨거운 태양이 동쪽에서 가만히 떠오른다. <u>청각</u> _____
_____
_____ 차가운 공기가 뺨에 닿으면 잠이 확 깬다. 화한* 치약을 입 안에 가득 담고 칫솔에 힘을 주고 이를 닦으면 좋은 '이것'이 시작된다.

대상:

* 화하다: 입안이 얼얼한 듯하면서 시원하다.

3

이것에 코를 갖다 대면 구린내가 확 풍긴다. 이것은 나를 위해 매일 노력하지만 시간이 지나면 골동품처럼 낡아 간다. 빗속을 걸을 때, 운동장을 달릴 때, 산을 오를 때 이것이 항상 나를 도와주었다. **시각**

미각

대상:

4

'이 사람'은 항상 따뜻하고 보드라운 느낌이다. 내 말을 찰떡같이 알아듣고 나를 위해 따끔한 질책을 아끼지 않는다. 이 사람은 내 옆에서 호랑이처럼 야단치는 적이 많지만 어떨 때는 판다같이 나를 꼭 안아 주기도 한다. **청각**

후각

대상:

5

손끝으로 이것을 톡톡 치면 동동 작은 북소리가 들린다. 축구공처럼 생긴 이것을 발로 차면 팍! 하고 깨져 버린다. 크게 잘라서 냄새를 맡으면 달콤한 향이 나를 천국으로 날아가게 한다.

촉각

미각

대상:

09 오감을 활용한 표현을 넣어 글쓰기 ①

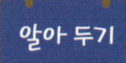 **알아 두기** 한 대상을 오감(시각, 청각, 후각, 미각, 촉각)을 활용해 표현해 봐요. 오감을 통해 느낀 감정을 글로 표현하면 대상에 대한 재미있고 훌륭한 글을 쓸 수 있어요.

연습하기

1 다음 그림을 보고, 제시된 낱말을 활용해 빈칸에 알맞은 말을 채워 보세요.

시각	거대하다, 생생하다
청각	굉음을 내다, 깍깍대다
후각	바다 내음이 가득하다
미각	짭조름하다, 달짝지근하다, 새콤달콤하다
촉각	내 얼굴을 감싸 안다

〈아름다운 제주〉

　위이이이잉! 우리가 탄 비행기가 _____ 제주도 푸른 하늘 아래 착륙했다. 아름다운 제주도에 드디어 발을 들였다. 공항에서 멀리 바라보니 _____ 한라산이 가장 먼저 보였다. 계절은 봄이었지만 한라산 중턱부터 정상까지 하얀 눈이 쌓인 모습이 _____ 눈에 들어왔다.

　가장 먼저 한 일은 배고픔을 다스리는 것! 식당에 들어가서 전복죽, 물회, 성게미역국 등 _____ 음식을 푸짐하게 시켰다. _____ 전복죽, _____ 물회, 시원하면서도 _____ 성게미역국이 나의 입맛을 돋아 주어서 음식을 배부르게 먹었다.

　밥을 먹고 나서 유네스코 세계문화유산으로 유명한 성산일출봉을 보기 위해 출발했다. 자동차를 타고 가면서 창문을 내리자 시원한 바람이 _____. 해안도로에 잠깐 차를 세우고 귀를 기울이자 까마귀가 _____ 우는 소리가 파도 소리와 함께 간간이 귀에 들려왔다.

직접 써 보기

1 '여행 갔던 일'을 떠올리고, 오감을 통해 느꼈던 감정을 〈보기〉처럼 '구나 문장'으로 써 보세요.

	보기		나의 경험
여행 갔던 일	부산으로 여행을 간 일	여행 갔던 일	
시각	화려한 조명을 받으며 아름다운 자태를 뽐내는 광안대교	시각	
청각	시끌벅적하게 사람들이 붐비는 해운대	청각	
후각	사람 냄새가 물씬 나는 자갈치 시장	후각	
미각	끈적끈적한 반죽에 고소한 맛이 일품인 동래파전	미각	
촉각	바닷바람을 시원하게 맞으면서 걸었던 태종대	촉각	

2 위에 적은 것을 토대로 '여행 갔던 일'에 대해 〈보기〉처럼 글을 써 보세요.

 부산

부산의 아름다운 여행길.
시끌벅적하게 사람들이 붐비는 해운대를 시작으로 바닷바람을 시원하게 맞으면서 걸었던 태종대까지 잊지 못할 여행이었다.
특히 사람 냄새가 물씬 풍기던 자갈치 시장의 허름한 가게에서 먹었던 끈적끈적한 반죽에 고소한 맛이 일품인 동래파전은 아직까지도 생각이 난다.

10 오감을 활용한 표현을 넣어 글쓰기 ②

직접 써 보기

1 〈보기〉처럼 한 대상을 정해서 오감을 활용한 다섯 문장을 쓰고, 이 문장으로 재미있는 글을 만들어 보세요.

보기

👁 선물 상자의 어마어마한 크기에 깜짝 놀랐다.	👂 "이거 너를 위해 준비했어." 친구의 속삭임에 귀가 간지러웠다.	👃 선물을 줄 때 나오는 친구의 미소에서 구수한 향이 풍기는 듯하다.
👅 친구들에게 선물을 받지 못하면 물에서 쓴맛이 느껴질 것 같다.	**선물**	✋ 선물에 담긴 친구의 마음이 따뜻하게 느껴진다.

↓

〈선물〉

　생일에 주고받는 선물에는 어떠한 마음이 담겨 있을까? 선물에 담긴 친구의 마음이 따뜻하게 느껴진다. 또, 선물을 줄 때 나오는 친구의 미소에서 구수한 향이 풍기는 듯하다. "이거 너를 위해 준비했어."라고 속삭이는 친구의 말이 내 귀를 간지럽힐 때의 기쁨은 이루 말할 수 없고, 친구가 내미는 선물 상자의 어마어마한 크기에 깜짝 놀라기도 한다. 만약 생일날 아예 선물을 받지 못한다면 기분이 어떨까? 물에서 쓴맛이 느껴질 것 같고 눈에서 눈물이 떨어질지도 모르겠다.

( )

〈　　　　　　　　　　　　　〉

10. 오감을 활용한 표현을 넣어 글쓰기 ②　31

2단원

바르게 문단 쓰기

이것을 배워요!

이 단원에서는 주변 사람에게 자신의 생각을 확실하게 전달할 수 있는 글을 써 봐요. 잘 쓴 문단은 하나의 중심 문장과 그와 밀접하게 관련 있는 뒷받침 문장으로 구성돼요. 자신의 생각이 명확히 드러난 중심 문장과 그 중심 문장을 뒷받침할 수 있는 문장을 어떻게 써야 하는지 한 번 더 알아봐요. 또, 문단을 쓰고 난 후, 쓴 글을 점검해서 더 나은 문단을 쓰도록 노력해요.

여기에 더해 높임 표현을 사용해서 언어 예절에 맞는 여러 가지 글을 써 볼 거예요.

01 문단 쓰기 ①

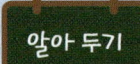 중심 문장을 쓸 때 중요한 점은 한 문단의 내용을 대표할 수 있는 간단하고 명료한 '의견'으로 써야 한다는 거예요. 뒷받침 문장을 쓸 때는 중심 문장을 지지하고 도와주는 '사실'을 활용하면 더욱 설득력 있는 문단을 완성할 수 있지요. 여기서는 뒷받침 문장을 보고 중심 문장을 쓰는 활동과 중심 문장을 보고 뒷받침 문장을 써 보는 두 가지 연습을 해요.

연습하기

1 〈보기〉처럼 키워드와 뒷받침 문장을 보고, 빈칸에 알맞은 중심 문장을 써서 문단을 완성해 보세요.

> **보기**
>
> (태풍, 과정)
>
> <u>태풍이 만들어지는 과정을 알아보겠습니다.</u> 열대 지방에 있는 공기가 따뜻한 바다에서 수증기와 열을 공급받습니다. 뜨거워진 공기는 상승하고 주변의 공기는 중심 방향으로 회전합니다. 이러한 과정을 반복하면 상승 기류가 강해지고 주변의 공기가 중심부로 계속 모여들어 강한 바람이 부는 태풍이 완성됩니다.

❶ (학교 폭력, 사례)

남학생들의 학교 폭력은 친구를 직접 때리는 일인 경우가 많습니다. 여학생들의 학교 폭력 상황은 남학생보다 다양한데, 우선 직접 때리는 일보다 무리 내에서 한 명을 심하게 험담하는 경우가 많습니다. 또, 보기 싫은 친구의 물건을 몰래 망가뜨린다거나 대놓고 조롱하는 행위도 많이 일어납니다.

❷ (토마토, 먹다)

토마토 안에 들어 있는 리코펜은 노화를 방지하는 데 효과가 좋습니다. 또, 토마토를 먹으면 암을 예방하고 혈관을 튼튼하게 하는 데도 효과가 있습니다. 이 외에도 토마토는 열량이 적고 소화를 돕기 때문에 다이어트에도 도움이 됩니다.

2 <보기>처럼 중심 문장과 키워드를 보고, 빈칸에 알맞은 뒷받침 문장을 써서 문단을 완성해 보세요.

> 보기
> 유명 아이돌 가수의 한류 열풍이 이어지기 위해서 아이돌이 더 노력해야 할 점에 대해서 살펴보겠습니다. **(외모, 노래, 춤)** 먼저 아이돌은 외모를 가꾸려고 노력하는 데 그치지 않고, 노래를 잘 부르고 멋진 춤을 출 수 있도록 최선을 다해야 합니다. **(잘난 체, 겸손)** 또, 성공했다고 잘난 체하지 말고 항상 겸손한 자세를 가져야 합니다.

잠깐만!! 스스로 자료를 찾아서 뒷받침 문장을 적는다면 문장에 꼭 '키워드'를 포함하지 않아도 괜찮습니다.

❶ 매달 있는 '14일' 데이(화이트 데이, 밸런타인데이, 블랙 데이, 로즈 데이 등)를 기념하지 맙시다. **(기업, 전략)** _____

_____

(상처, 소외감) _____

_____

❷ 생활 속에서 짧게라도 걷기 운동을 꾸준히 합시다. **(쉽다, 집 안)** _____

_____ **(척추, 거북목 증후군)** _____

_____

❸ 5월 가정의 달에 내가 할 수 있는 일을 생각해 보자. **(5월 8일, 어버이날)** _____

(5월 15일, 스승의 날) _____

_____

02 문단 쓰기 ②

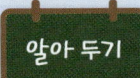 한 문단을 완성할 때 문장을 어떤 순서로 배치할지 정하는 것이 중요해요. 자료에 나온 여러 가지 내용을 보고 그것을 자신의 언어로 새롭게 구성해서 문단을 쓰기 때문이지요. 여기서는 여러 가지 정보를 가지고 한 문단을 구성하는 연습을 해 봐요.

연습하기

1 〈보기〉처럼 세 문장을 읽고 문장을 정렬하여 한 문단을 완성하는 연습을 해 보세요.

> - 생존수영의 기본적인 방법을 익히고, 물속에서 발차기를 열심히 하니 선생님께서 잘한다고 칭찬해 주셨다.
> - 학교에서 물에 대한 두려움을 없애는 생존수영을 배우기 위해 수영장에 갔다.
> - 생존수영에서 중요한 것은 물속에서 당황하지 않고 규칙적으로 호흡하는 것이다.
>
> ⬇
>
> 학교에서 물에 대한 두려움을 없애는 생존수영을 배우기 위해 수영장에 갔다. 생존수영에서 중요한 것은 물속에서 당황하지 않고 규칙적으로 호흡하는 것이다. 생존수영의 기본적인 방법을 익히고, 물속에서 발차기를 열심히 하니 선생님께서 잘한다고 칭찬해 주셨다.

잠깐만!! 위의 문장 배치보다 더 좋은 순서가 있다면 그대로 써도 돼요. 문장이 자연스럽게 이어져서 독자가 쉽게 읽을 수 있다면 좋은 문단을 썼다고 할 수 있어요.

❶
- 세종대왕은 우리말이 중국과 달라 글자를 읽고 쓰는 데 백성들이 어려움을 겪는다고 생각했다.
- 한글의 창제로 백성들은 글을 쉽게 읽고 쓸 수 있게 되었다.
- 1443년 세종대왕은 한글을 완성하고, 1446년 훈민정음이라는 이름으로 반포하였다.

⬇

- 겨울잠은 꼭 겨울이 아니더라도 먹을 것이 부족해지면 동물들이 하는 행동이다.
- 겨울잠은 먹을 것이 부족한 계절에 에너지 소모를 최소한으로 줄이기 위해 동물이 선택하는 생존 방법이기 때문이다.
- 그러므로 겨울에 먹이가 풍부한 지역에서는 겨울잠을 자지 않는 동물들도 많다.

❷

---

2 〈보기〉처럼 여러 가지 정보를 정렬하여 한 문단을 완성해 보세요.

물	모양이 일정하지 않음, 투명하다, 액체 상태
얼음	모양이 일정함, 물에 비해 투명하지 않음, 고체 상태

보기

물과 얼음의 특징에 대해서 알아보겠습니다. 물은 모양이 일정하지 않고 투명하며 액체 상태입니다. 그에 비해 얼음은 모양이 일정하고 물에 비해 투명하지 않으며 고체 상태입니다.

 모든 정보를 문단에 넣지 않아도 괜찮아요. 정보를 약간 수정해서 문단 안에 넣어도 돼요.

뼈	• 우리 몸의 기둥, 뼈가 없으면 우리는 걷거나 서지 못함 • 뇌나 폐 등 우리 몸의 연약한 부위를 보호하는 역할 • 신체가 자유로이 움직일 수 있도록 우리 몸의 근육을 움직여 줌

03 문단 점검하기

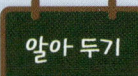 문단은 그냥 쓰기만 한다고 되는 것이 아니에요. 글을 다시 한번 읽어 보고 내가 문단을 제대로 썼는지, 다른 사람이 이해하기 쉬운 낱말이나 문장으로 표현했는지 등을 제대로 따져 봐야 하지요. 사실 문단을 쓸 때 쓰기보다 더 중요한 것이 바로 고쳐쓰기, 즉 '점검하기'라고 할 수 있어요. 여기서는 문단을 읽고 고쳐 쓰는 연습을 해 봐요.

연습하기

1 〈보기〉처럼 중심 문장에 밑줄을 긋고, 들어가지 않아도 될 문장을 삭제해 주세요.

> 보기
>
> 과학 기술의 발달은 꾸준히 이루어져야 한다. 과학 기술의 발달 때문에 환경 오염이나 전쟁이 일어난다고 한다. 하지만 과학 기술이 없다면 환경 정화 기술을 발전시킬 수 없고, 전쟁으로부터 벗어나 모두가 평화롭게 잘 사는 방법을 연구할 수 없다. 과학 기술이 긍정적인 방향으로 발전한다면 우리가 생각하는 모든 문제를 어떻게든 해결할 수 있을 것이다. ~~그러므로 쓰레기 처리장을 개발하여 환경 오염을 줄일 수 있도록 노력해야 한다.~~

❶
6 나누기(÷) 2에는 두 가지 뜻이 담겨 있다. 첫 번째 의미는 6개의 사과를 2명에게 똑같이 나누어 주면 1명이 몇 개의 사과를 가질 수 있는지 묻는 것이다. 3이라는 숫자를 딱 보면 이 의미라는 것을 파악할 수 있어야 한다. 두 번째 의미는 6개의 사과를 2개씩 나누어 주면 몇 명에게 나누어 줄 수 있는지 묻는 것이다. 이처럼 나눗셈은 '똑같이 나누었을 때 한 부분의 양을 묻는 것'과 '같은 양을 몇 번 뺄 수 있는지 묻는 것' 두 가지 의미를 가지고 있다.

❷
불국사에 도착하자 다보탑과 석가탑이 눈에 띄었다. 다보탑은 여러 가지 다양한 무늬를 가지고 있어서 화려한 아름다움을 느꼈다. 석가탑은 단조롭지만 우뚝 솟은 신라인의 기개를 볼 수 있었다. 근데 두 탑은 왜 불국사에 있을까? 화려한 느낌을 주는 다보탑과 의연함을 보여 주는 석가탑, 이 두 탑이 신라를 대표하는 것처럼 느껴지는 것은 절대 우연이 아닐 것이다.

직접 써 보기

1 ⟨보기⟩처럼 문단에서 고쳐야 할 부분을 찾아 밑줄을 긋고, 올바르게 고쳐 써 보세요.

> **보기**
>
> 　우리나라를 위해 노력한 유관순 열사를 기억합시다. 유관순 열사는 고등학교 1학년의 나이에 우리나라를 침략한 일본에 맞서 독립을 외쳤습니다. 이 일 때문에 서대문 형무소에 가서 일본 순사에게 끔찍한 고문을 당했지만 독립을 향한 의지만큼은 꺾이지 않았습니다. <u>유관순 열사가 서대문 형무소에서 무슨 밥을 먹었는지 알 수 없습니다.</u> 우리가 유관순 열사를 기억하고 감사하는 것만으로도 그분의 희생과 노력을 다시금 되새길 수 있을 것입니다.
>
> ➡ <u>이렇게 자신을 희생한 유관순 열사가 어떤 대가를 바라고 독립운동을 하지는 않았을 것입니다.</u>

❶
　학교에서 스마트폰을 자유롭게 사용하는 것은 학생들에게 도움을 줄 수 있습니다. 학생들이 스마트폰을 사용하면 수업 중에 게임이나 문자를 하는 등 딴짓을 많이 합니다. 또, 스마트폰의 작은 화면을 보면서 작업하기 때문에 눈이 나빠질 수 있습니다. 게다가 전자파의 영향으로 수업 중에 집중력이 흐트러질 수 있으므로 학교에서 스마트폰 사용을 금지해야 합니다.

➡ _____

❷
　욕을 사용하지 맙시다. 욕을 하면 상대방의 기분이 나빠질 수 있습니다. 자신은 아무렇지도 않게 사용한 욕이 잘못 해석돼서 상대방의 마음을 상하게 할 수 있는 것입니다. 또, 욕은 친구들의 우정을 돈독하게 합니다. 서로를 칭찬하거나 배려하는 말은 상대방을 기분 좋게 하지만 욕은 좋은 분위기도 험악하게 만듭니다. 따라서 앞으로 귀에 거슬리는 욕을 사용하지 않도록 노력합시다.

➡ _____

04 여러 가지 주제로 문단 구성하기 - ① 운동

스	스시를 먹으러 집 앞 일식집에 갔다.
포	포장은 안 된다며, 그것은 손님들에게 신선한 음식 제공을 위해서라는 주방장의 말에 신뢰가 갔다.
츠	치명적으로* 맛있는 신선한 초밥이 드디어 내 앞에 등장했다.

* '츠'로 시작하는 낱말처럼 다양한 단어가 없는 글자로 삼행시를 지어야 할 때가 있어요. 이때는 두음 법칙(로인 → 노인, 량심 → 양심)을 활용하거나 모음의 방향을 바꿔서(츠 → 치) 삼행시를 적어도 괜찮아요. 이러한 방법을 사용하는 것은 말소리를 분석하고 조작해야 하기 때문에 더 복잡하고 어려운 과정이지요. 여러 가지 방법을 잘 활용하면 더 재미있는 삼행시를 만들 수 있어요.

세 문장 중 한 행 바꾸기

➡ 포토를 찍는 것은 안 된다며, 그것은 다른 손님에게 불편을 주지 않기 위해서라는 사장님의 말에 신뢰가 갔다.

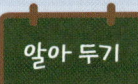 삼행시를 다시 한번 읽어 보세요. 뭔가 마음에 들지 않는 부분은 없나요? '문단'을 완성할 때 꼭 정답이 있는 것은 아니에요. 여러 번 읽어 보고 계속해서 고쳐 나가다 보면 더 좋은 문장을 쓸 수 있지요. 여기서는 삼행시를 쓰고 난 후, 한 행을 바꿔 보는 활동을 통해 '고쳐쓰기'에 대한 감각을 키워 봐요.

연습하기

1 '스포츠'와 관련하여 생각을 자유롭게 떠올려 보세요.

2 위에 적은 낱말 중 하나를 골라 이행시나 삼행시를 완성하고, 한 행을 바꾸어 써 보세요.

월	월요일 저녁 배가 고팠는데 엄마가 집에 안 계셨다.
드	디글디글해진*
컵	컵

* 디글디글하다: 밥알이 설익었거나 너무 되거나 말라서 꾸들꾸들하다.

* 앞에 쓴 삼행시에서 한 행을 골라 행의 내용을 바꿔 보세요.

드	

직접 써 보기

1 〈보기〉처럼 수레바퀴를 중심에 있는 키워드에 맞는 뒷받침 내용으로 채워 주세요.

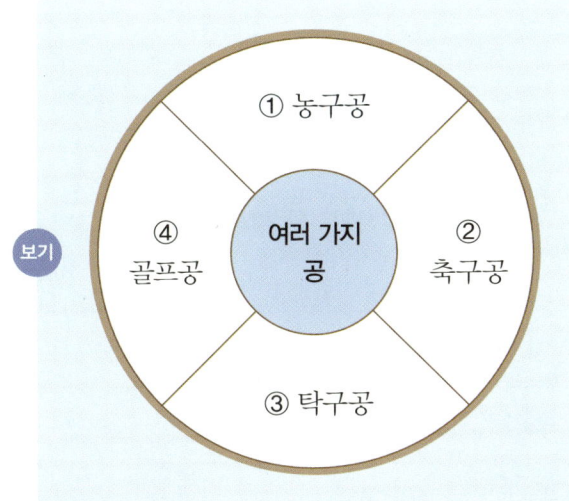

보기

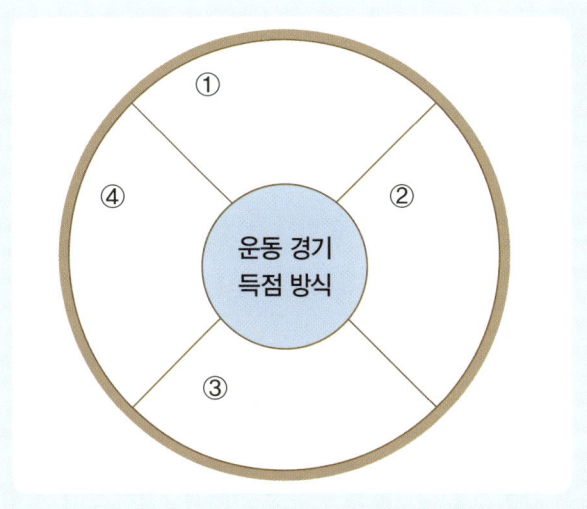

2 위의 수레바퀴에 쓴 내용을 토대로 중심 문장과 뒷받침 문장을 넣어 〈보기〉처럼 한 문단의 글을 써 보세요.

보기
> 운동 경기에서 쓰는 여러 가지 공이 있습니다. 크기에 따라 분류하면 큰 공으로 축구공과 농구공이 있고, 작은 공으로 탁구공과 골프공이 있습니다. 단단함에 따라 분류하면 골프공이 가장 단단하고 그다음 탁구공과 농구공, 마지막으로 축구공 순으로 단단합니다.

잠깐만!! 자신이 쓴 글을 다시 읽고 삭제하거나 추가할 문장은 없는지 살펴보세요. 문장이 자연스럽지 않다면 어떻게 수정해야 할지 한 번 더 고민해 보세요.

05 여러 가지 주제로 문단 구성하기 - ② 독후감

연습하기

1 '독후감'과 관련하여 생각을 자유롭게 떠올려 보세요.

2 위에 적은 낱말 중 하나를 골라 〈보기〉처럼 이행시나 삼행시를 완성하고, 한 행을 바꾸어 써 보세요.

줄	줄줄 흐르는 친구의 눈물에 속이 타들어 갔다.
거	거짓말 하나로 친구의 마음을 속상하게 만든 나.
리	리코더를 휘휘 불어서 친구를 즐겁게 해 줘야지.

(한 행 바꾸기)

리	리본을 단 예쁜 선물로 친구를 달래 줘야지.

지	지금 산타클로스는 루돌프와 함께 길을 떠났다.
겹	겹겹이 쌓인 눈길을 뚫고 썰매를 달린다.
다	다

* 앞에 쓴 두 삼행시에서 한 행을 골라 행의 내용을 바꿔 보세요.

직접 써 보기

1 〈보기〉처럼 수레바퀴를 중심에 있는 키워드에 맞는 뒷받침 문장이나 구로 채워 주세요.

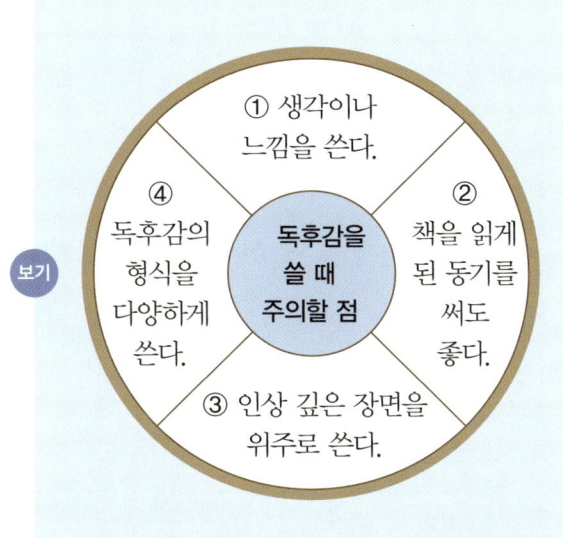

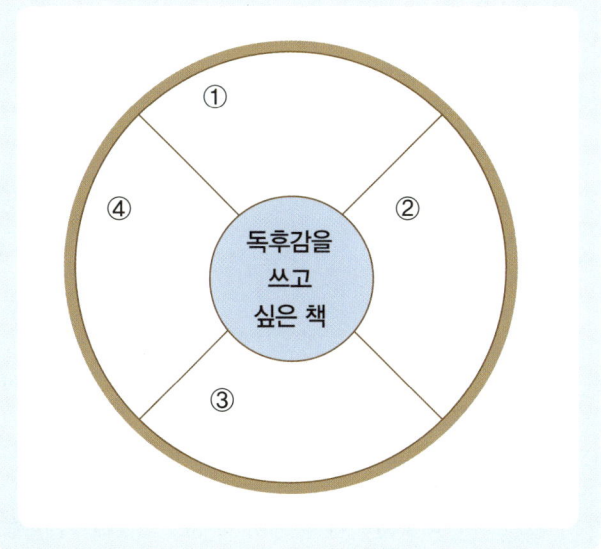

2 위의 수레바퀴에 쓴 내용을 토대로 중심 문장과 뒷받침 문장을 넣어 〈보기〉처럼 한 문단의 글을 써 보세요.

> 보기
>
> 독후감을 쓸 때 주의할 점이 몇 가지 있습니다. 우선, 줄거리만 쓰는 것이 아니라 책에서 인상 깊었던 장면을 위주로 자신의 생각이나 느낌을 씁니다. 책을 읽게 된 동기를 써도 좋습니다. 또, 독후감은 한 가지 형식이 아니라 시·만화·그림·마인드맵 등 다양한 형태로 작성할 수 있다는 점도 기억합니다.

06 여러 가지 주제로 문단 구성하기 - ③ 중국집

연습하기

1 '중국집'과 관련하여 생각을 자유롭게 떠올려 보세요.

2 위에 적은 낱말 중 하나를 골라 <보기>처럼 이행시나 삼행시를 완성하고, 한 행을 바꾸어 써 보세요.

 보기

탕	**탕**탕! 큰 총소리와 함께 사람이 쓰러졌다.
수	**수**로 안을 찾아봐! 방금 범인이 그리로 들어갔어!
육	**육**감을 믿어. 범인은 분명히 저 안에 있어.

(한 행 바꾸기)

수	**수**색에 신경을 써. 잠깐, 저 검은 물체는 뭐지?

짬	짬*이 잠깐이라도 나면 이 일 좀 도와주세요.
뽕	뽕

* 짬: 어떤 일에서 손을 떼거나 다른 일에 손을 댈 수 있는 겨를

* 앞에 쓴 두 이행시(삼행시) 중에서 한 행을 골라 행의 내용을 바꿔 보세요.

직접 써 보기

1 〈보기〉처럼 수레바퀴를 중심에 있는 질문에 맞는 답으로 채워 주세요.

보기
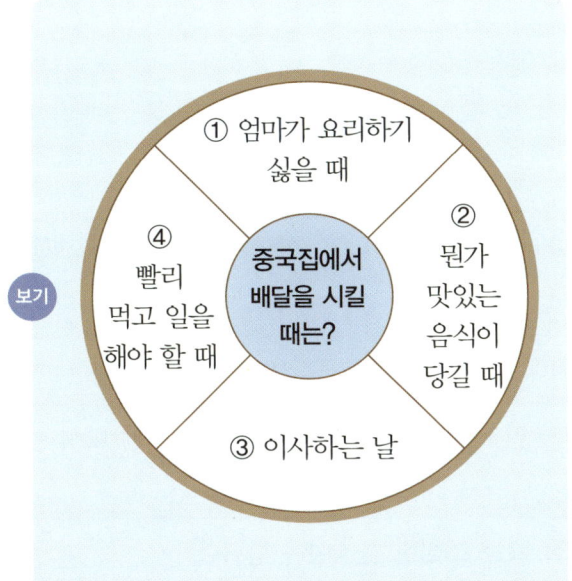

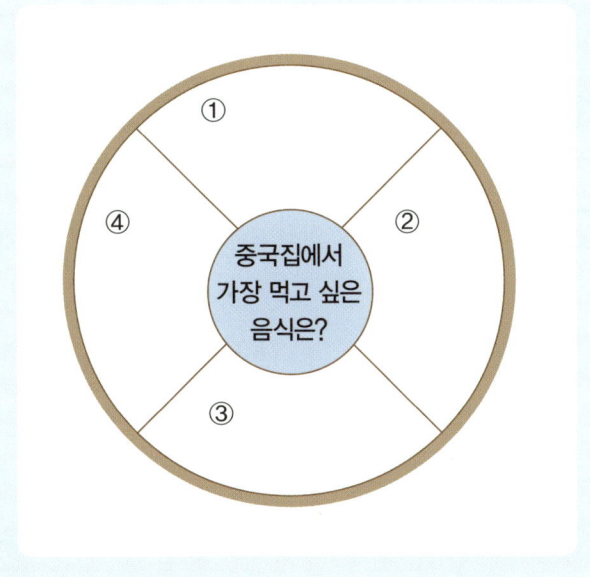

2 위의 수레바퀴에 쓴 내용을 토대로 중심 문장과 뒷받침 문장을 넣어 〈보기〉처럼 한 문단의 글을 써 보세요.

보기
　　뭔가 맛있는 음식이 당길 때, 엄마가 요리하기 싫을 때 우리는 중국집에서 배달을 시켜 먹습니다. 또, 이사하는 날이나 빨리 밥을 먹고 짐 정리를 해야 할 때도 중국 음식을 시킵니다. 이처럼 우리는 여러 가지 이유로 중국집에서 배달을 많이 시킵니다.

07 여러 가지 주제로 문단 구성하기 - ④ 만화책

연습하기

1 '만화책'과 관련하여 생각을 자유롭게 떠올려 보세요.

2 위에 적은 낱말 중 하나를 골라 〈보기〉처럼 이행시나 삼행시를 완성하고, 한 행을 바꾸어 써 보세요.

보기

원	**원**만한 아파트 생활을 하기 위해서는 여러 가지 규칙을 지켜야 합니다.
피	**피**아노는 저녁 8시 이후에 치지 않도록 조심하고, 샤워도 되도록 밤 12시 이전에는 마칩시다.
스	**시***각을 생각해서 모두가 잘 때는 조심히 움직여야 합니다.

 '스'를 '시'로 모음의 방향을 바꿨습니다.

(한 행 바꾸기)

스	**스**트레스 받지 않도록 서로가 조금씩 노력합시다.

천	천사같이 아름다운 이태석* 신부님
자	자신의 모든 것을 희생해서 수단의 한센병을 퇴치하려고 노력했다.
문	문

* 이태석: 남수단 톤즈 마을에서 한센병(나병)을 치료하기 위해 구호 활동을 펼쳤던 신부님

* 앞에 쓴 두 삼행시 중에서 한 행을 골라 행의 내용을 바꿔 보세요.

직접 써 보기

1 〈보기〉처럼 수레바퀴를 중심에 있는 질문에 맞는 답으로 채워 주세요.

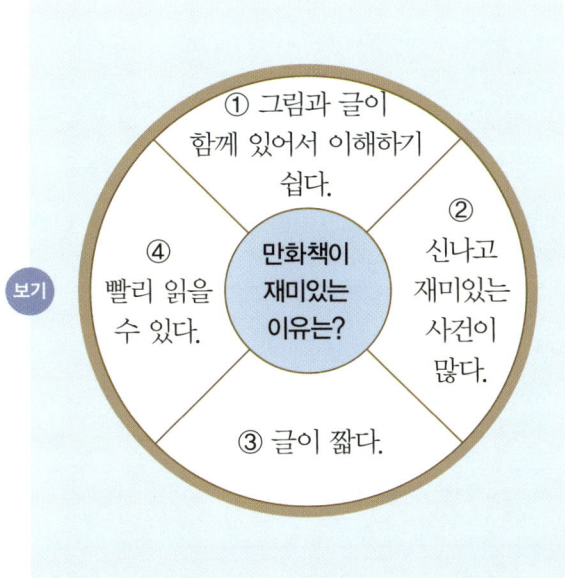
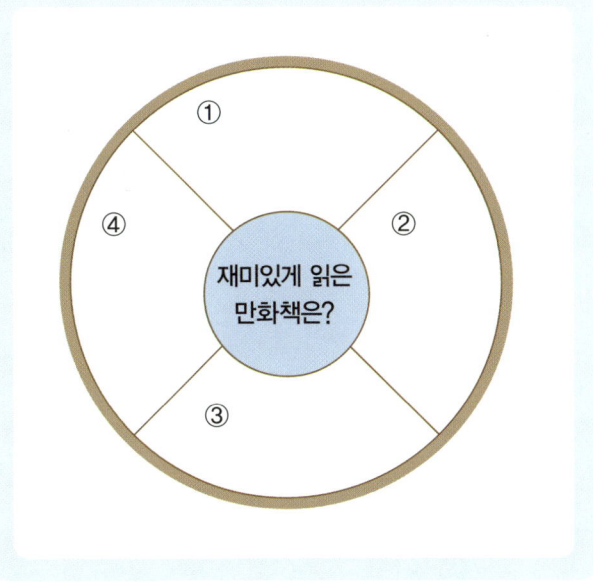

2 위의 수레바퀴에 쓴 내용을 토대로 중심 문장과 뒷받침 문장을 넣어 〈보기〉처럼 한 문단의 글을 써 보세요.

> 보기
>
> 　　내가 만화책을 재미있게 읽는 이유는 여러 가지가 있다. 만화책은 글이 짧아서 빨리 읽을 수 있다. 게다가 만화책의 그림이 내용을 쉽게 이해할 수 있도록 도와준다. 만화책의 스토리는 일반 책보다 훨씬 신나고 재미있는 사건이 많아서, 읽을 때 재미와 감동을 느끼기 쉽다.

07. 여러 가지 주제로 문단 구성하기 - ④ 만화책

08 여러 가지 주제로 문단 구성하기 - ⑤ 장난감

연습하기

1 '장난감'과 관련하여 생각을 자유롭게 떠올려 보세요.

2 위에 적은 낱말 중 하나를 골라 〈보기〉처럼 이행시나 삼행시를 완성하고, 한 행을 바꾸어 써 보세요.

보기

뽀	**뽀**송뽀송 마른 수건으로 얼굴을 깨끗이 닦았다.
로	**로**션을 바르고 흥얼흥얼
로	**노***래를 부르며 목욕탕에서 나왔다.

잠깐만!! 두음 법칙을 활용해 '로'를 '노'로 바꾸었습니다.

(한 행 바꾸기)

뽀	**뽀**얀 내 얼굴을 보니 꽤 만족스러웠다.

킥	킥킥, 조용한 교실에서 갑자기 웃음소리가 났다.
보	보니까 우리 반 말썽쟁이 가은이의 웃음소리였다.
드	드

* 앞에 쓴 두 삼행시 중에서 한 행을 골라 행의 내용을 바꿔 보세요.

직접 써 보기

1 〈보기〉처럼 수레바퀴를 중심에 있는 질문에 맞는 답으로 채워 주세요.

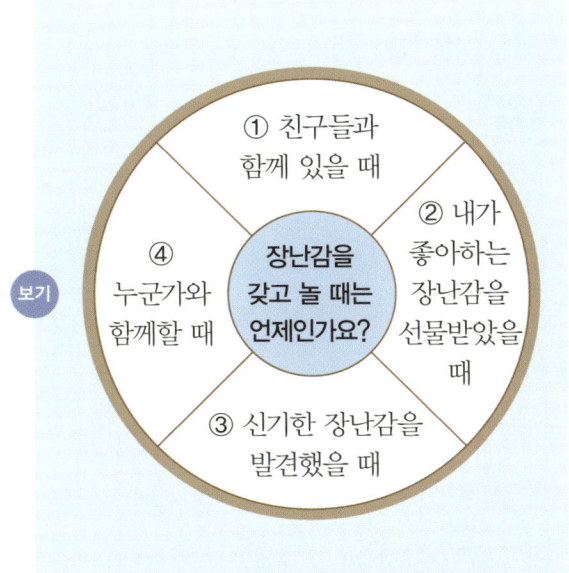

보기

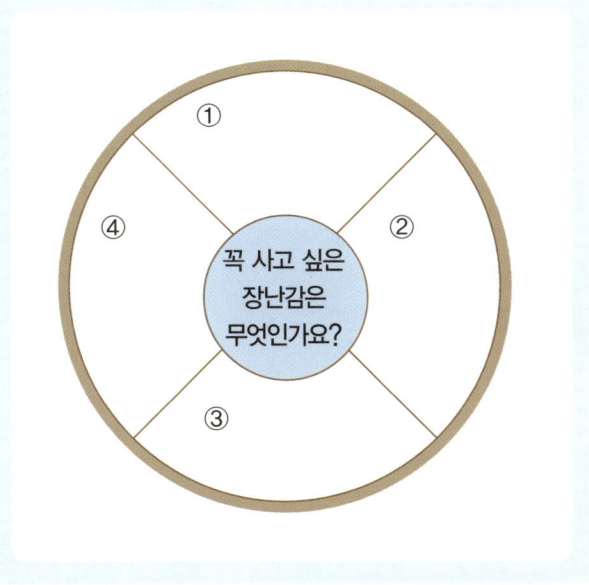

2 위의 수레바퀴에 쓴 내용을 토대로 중심 문장과 뒷받침 문장을 넣어 〈보기〉처럼 한 문단의 글을 써 보세요.

보기: 장난감을 가지고 노는 여러 순간이 있습니다. 내가 좋아하는 장난감을 선물받거나 처음 보는 신기한 장난감을 발견했을 때 장난감을 가지고 놉니다. 친구나 다른 누군가와 함께하고 싶을 때 장난감을 가지고 놀기도 합니다.

09 예절을 지켜 글쓰는 방법 알기

1) 호칭: 안경! 반갑다. (X) ➡ 태현아! 반갑다. (O)
2) 인사말: 어이, 오랜만에 편지 쓰네. (X) ➡ 안녕, 오랜만에 편지 쓰네. (O)
3) 높임말: 부모님, 지금까지 저를 키워 주셔서 수고하셨습니다. (X)
   ➡ 부모님, 지금까지 저를 키워 주셔서 고맙습니다. (O)

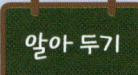 예절을 지켜서 글을 쓰는 것은 중요해요. 대상을 생각하지 않고 함부로 글을 쓰면 읽는 사람의 기분이 나빠질 수 있어요. 여기서는 호칭, 인사말, 높임말 사용에 대해서 좀 더 공부해요.

연습하기

1 다음 표의 빈칸에 '상대나 상황에 알맞은 높임말'을 〈보기〉에서 찾아 써 보세요.

반말(→ 상대, 상황)	높임말	반말(→ 상대, 상황)	높임말
안녕(→ 선생님)	안녕하세요.	말(→ 이모)	말씀
라면 머리(→ 신우)	신우야	아프다(→ 할아버지)	❹
어이(→ 아빠)	❶	있다(→ 옆집 아주머니)	❺
잘 자(→ 아침)	❷	이봐(→ 엄마의 오빠)	❻
애들아(→ 발표회)	❸	안녕!(→ 생일잔치)	❼

보기 아버지, 외삼촌, 계시다, 여러분, 좋은 아침, 생신 축하드려요, 편찮으시다

2 제시된 문장을 〈보기〉처럼 '예절을 갖춘 문장'으로 고쳐 보세요.

> 보기
> (시은이에게) 깍쟁아! 왔냐? 선생님이 너 좀 오래.
> ➡ **시은아! 안녕? 선생님께서 너 좀 오라고 하셔.**

❶ 미국에 갔던 삼촌이 어제 집에 놀러 왔어.

➡

❷ (정우에게) 베짱아, 안녕하냐? 내일 할머니 생일인데 같이 할머니 선물 좀 사러 가자.

➡

❸ 선물 가게 주인: 어서 와라! 그 상품은 품절이십니다. 이 상품 디자인이 너무 예쁘시죠?

➡

❹ 선물 가게 주인: 얘들아! 선물 사 줘서 수고했다. 녀석들, 다음에 또 와라.

➡

❺ (할머니께) 할멈, 이거 할멈 주려고 샀어. 할멈은 건강해서 나이보다 훨씬 젊어 보여.

➡

직접 써 보기

1 다음 문단을 읽는 사람이나 상황에 맞게 〈보기〉처럼 알맞은 높임 표현으로 바꿔 주세요.

> **보기**
>
> (스마트폰 사용 상황)
> ㅋㅋㅋ ㅎㅇ 기린, 잘 지내? 😃 낼 내 생일인데 축하해 줄 거지? 집에서 생파할 건데 안 오면 진짜 실망할 거야 ㅜㅜ 😭😭😭 꼭 왕!!! 낼 보자! ㅂㅇ
>
> (친구 주혁이에게 생일 초대 카드를 쓸 때)
> ➡ 안녕? 주혁아. 잘 지내지? 내일이 내 생일인데 네가 와서 축하해 주면 정말 고맙겠어. 집에서 생일파티를 하려고 하니까 꼭 와 주면 좋겠다. 맛있는 음식도 많이 준비했으니까 와서 즐겁게 놀다 가렴. 내일 보자.
>
> — 너의 친구 세민이가

❶ (과학책에 있는 내용)

아이 두 명이 거울에 손전등을 비추고 있다.
지훈: 와, 손전등 엄청 좋다. 어? 근데 빛이 왜 저쪽 벽을 비추는 거지?
동현: 이거 봐, 빛이 거울에 부딪히니까 방향이 바뀌네.
지훈: 그래. 그걸 우리는 빛의 반사라고 불러.

(위의 자료를 친구들 앞에서 발표할 때)

➡ ＿＿＿＿＿＿＿＿＿께 '빛의 반사'가 무엇인지 ＿＿＿＿＿＿＿＿＿＿＿＿. 손전등을 켜서 거울에 빛을 비추었을 때 ＿＿＿.

이처럼 빛이 물체에 부딪혔을 때 ＿＿＿.

❷ (스마트폰 사용 상황)

야! 너왜나몰른척하냐? ㅜㅜ 마음이엄청속상했다 😤😤😤😤아프로는 그러지 마! 알겠지? 내일 학교에서는 웃으면서 😆😆😆보자. 안냥~~ 내일 봐!!!

(친구 은혜에게 직접 쪽지를 건넬 때)

➡ _____

❸ (어머니가 딸에게 쓴 편지)

사랑하는 딸에게

안녕! 딸. 오랜만에 편지를 쓰는구나. 요새 엄마가 딸한테 밥도 잘 못해 주고, 신경을 많이 못 써서 참 미안하구나. 우리 딸이 몸이 아팠을 때 더 신경 썼어야 하는데 그러지 못했어. 앞으로는 우리 딸 마음 아픈 곳은 없는지 많이 대화하자꾸나. 벌써 여름이야. 더운 여름, 시원하게 잘 보내자. 잘 있어.

― 세상에서 너를 제일 사랑하는 엄마가

(딸이 어머니께 쓴 편지)

➡ 사랑하는 어머니께

_____ 오랜만에 편지를 써요. 요새 어머니께 진지도 차려 드리지 못하고, 신경을 많이 못 써 드려서 참 죄송해요. _____

_____

_____

벌써 여름이에요. 더운 여름, 함께 시원하게 보내요. _____

― 세상에서 어머니를 제일 사랑하는 딸이

10 예절을 지켜 글쓰기

연습하기

1 '예절'과 관련하여 생각을 자유롭게 떠올려 보세요.

2 위에 적은 낱말 중 하나를 골라 〈보기〉처럼 이행시나 삼행시를 완성하고, 한 행을 바꾸어 써 보세요.

높	**높**은 하늘 아래 그보다 낮은 산 하나가 있었다.
임	**임**금은 그 산이 자기보다 높은 것이 싫었다.
법	**법**칙은 이런 것이다. 높다고 하지만 그보다 높은 것이 있다는.

(한 행 바꾸기)

임	**임**금은 그 산이 하늘보다 높다고 말했지만 여전히 하늘이 더 높았다.

높	높임말을 쓰면 뭐가 좋아요?
임	임자, 그것도 모르시오?
말	말

* 앞에 쓴 두 삼행시 중에서 한 행을 골라 행의 내용을 바꿔 보세요.

직접 써 보기

1 〈보기〉처럼 수레바퀴를 중심에 있는 질문에 맞는 답으로 채워 주세요.

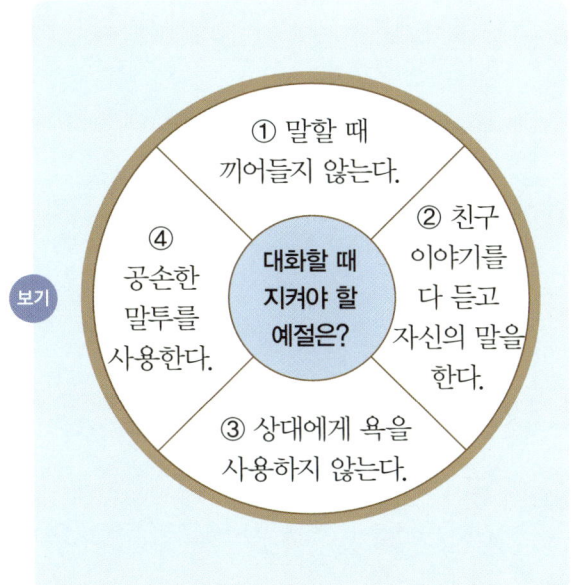
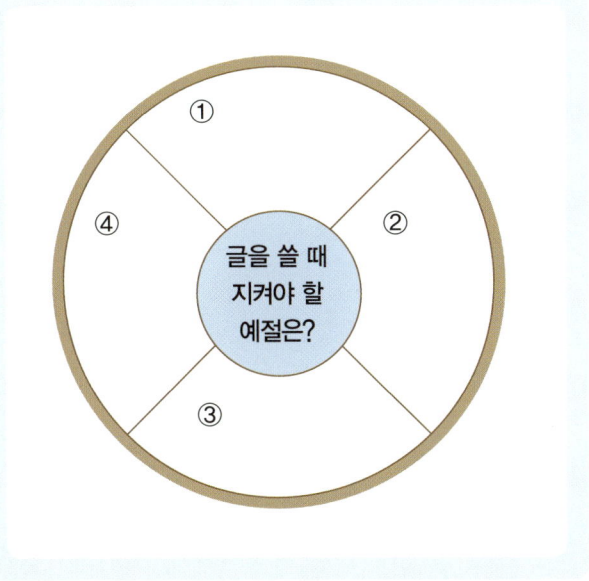

2 위의 수레바퀴에 쓴 내용을 토대로 중심 문장과 뒷받침 문장을 넣어 〈보기〉처럼 한 문단의 글을 써 보세요.

> 보기
>
> 대화할 때 지켜야 할 여러 가지 예절이 있습니다. 첫 번째로 친구의 이야기를 다 듣고 자신의 말을 해야 합니다. 친구의 말이 끝나기 전에 끼어들면 친구의 기분이 나쁩니다. 두 번째로 상대에게 공손한 말투를 사용해야 합니다. 갑작스레 친구에게 욕을 사용하면 상대방이 당황할 수 있습니다.

10. 예절을 지켜 글쓰기

3단원

국어사전 활용하기

이것을 배워요!

자신이 쓴 글의 내용을 독자가 읽고 쉽게 이해할 수 있나요? 없다면 그 이유는 무엇일까요? 여러 가지 이유가 있습니다. 자신이 문장을 자연스럽게 쓰지 못한 것일 수도 있고, 독자가 내용에 대한 배경지식이 부족한 것일 수도 있습니다. 게다가 작가가 어휘의 정확한 뜻을 모르고 문장을 작성한다면 독자는 글의 뜻을 명확히 이해하기 어려울 것입니다.

'어휘력'은 글을 쓰는 데 굉장히 중요한 역할을 합니다. 이러한 어휘력을 기르기 위한 좋은 방법은 모르는 낱말의 뜻을 찾아서 조사하고, 그 낱말을 활용하여 직접 글을 써 보는 것입니다. 이와 같은 과정을 꾸준히 반복하면 그만큼 어휘력이 향상되고 더 좋은 글을 쓸 수 있습니다.

이 단원에서는 자료에서 모르는 낱말을 찾아서 뜻을 이해하고, 이 어휘를 바탕으로 문장과 글을 써 보는 활동을 해 보겠습니다.

01 국어사전에서 낱말 찾기

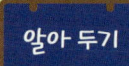 이름을 나타내는 낱말, 움직임을 나타내는 낱말, 상태나 성질을 나타내는 낱말 등 여러 가지 종류의 낱말이 있어요. 사전에서 낱말을 찾으려면 이 낱말들을 '형태가 바뀌는 낱말(움직임을 나타내는 낱말, 상태나 성질을 나타내는 낱말)'과 '형태가 바뀌지 않는 낱말(이름을 나타내는 낱말)'로 나누고, 형태가 바뀌는 낱말은 기본형으로 만들어 줘야 해요. 그 뒤에 낱말이 실리는 차례를 확인하고, 국어사전에서 낱말의 뜻을 찾아야 하죠. 여기서는 이러한 과정을 연습해 봐요.

연습하기 [1~2] 다음 글을 읽고, 물음에 답하세요.

밤에 사용하는 조명은 어떻게 발전되어 왔을까? 선사 시대의 조상들은 두 개의 막대를 마찰해서 불을 피웠다. 이렇게 피운 불이 밤에 조명의 역할을 대신해 왔다. 그렇게 시작된 조명은 점차 등잔, 호롱, 양초, 횃불, 램프, 랜턴 등으로 발전했다.

전기가 사용되면서 에디슨이 발명했다고 알려진 백열등이 등장했다(백열등은 스코틀랜드 발명가 제임스 보먼 린지가 처음 발명했다). 백열등은 필라멘트를 가열해서 빛을 만드는 조명을 말한다. 백열등은 제조 비용이 쌌지만 에너지를 빛으로 전환하는 비율이 낮아서 지금은 가정에서 많이 사용하지 않는다.

현재 대부분의 조명은 형광등과 LED로 대체되고 있다. 형광등과 LED는 에너지가 빛으로 전환되는 효율이 높고, 수명도 길다. 특히 LED는 수명과 전기 효율이 형광등보다 높아서 가정과 사회에서 대부분 형광등을 LED 조명으로 교체하고 있다.

1 밑줄 그은 낱말을 아래 표에 분류해 보세요.

형태가 바뀌지 않는 낱말	형태가 바뀌는 낱말	
	낱말	기본형
조명, 호롱	마찰해서	마찰하다

2 각각의 낱말 뜻을 국어사전에서 찾아 적고, 낱말이 들어간 예시 문장을 〈보기〉처럼 만들어 보세요.

보기	호롱	뜻	석유를 담아 불을 켜는 데에 쓰는 그릇
		예시	달 밝은 밤, 호롱불 아래에서 가만히 책을 읽었다.

❶	랜턴	뜻	
		예시	

❷	비율	뜻	
		예시	

❸	마찰하다	뜻	
		예시	

❹	전환하다	뜻	
		예시	

❺		뜻	
		예시	

직접 써 보기 [1~3] 다음 글을 읽고, 물음에 답하세요.

'흔한남매'는 인기 유튜브 채널로 SBS 코미디언이었던 장다운, 한으뜸이 남매 시트콤 영상을 주기적으로 업로드하고 있다. 이 채널은 어린이들이 주로 채널을 구독하고 영상을 시청하며, 약 200만 명이 넘는 구독자를 보유하고 있다. '흔한남매'라는 이름으로 활동하지만 장다운과 한으뜸은 실제 결혼을 한 부부 사이이며, 연기와 개그를 통해 재미있는 영상을 많은 사람에게 제공한다.

흔한남매는 만화책으로도 유명하다. 유튜브에 올리는 영상을 원작으로 만화책을 발매하고 있는데 어린이들에게 큰 인기를 끌고 있다. 백난도 작가님이 쓰고, 유난희 작가님이 그린 이 책은 흔한남매 영상에서 볼 수 있는 웃음과 재미가 잘 녹아* 있다는 평가를 받는다. 2023년 12월 기준으로 15권의 만화책이 나왔으며 '흔한남매 안 흔한 일기', '흔한 호기심', '흔한남매 불꽃 튀는 우리말', '흔한남매 별난 방탈출'까지 여러 가지 시리즈가 계속해서 나오고 있다.

잠깐만!! 녹아(기본형: 녹다): '녹다'에는 많은 뜻이 있는데 이 글에서 '녹다'의 의미는 무엇일까요?

1 위의 글을 읽고 국어사전에서 찾고 싶은 낱말을 찾아 밑줄을 그어 보세요.

2 밑줄 그은 낱말을 아래 표에 분류해 보세요.

형태가 바뀌지 않는 낱말	형태가 바뀌는 낱말	
	낱말	기본형

3 각각의 낱말 뜻을 국어사전에서 찾아 적고, 낱말이 들어간 예시 문장을 〈보기〉처럼 만들어 보세요.

| 보기 | 원작 | 뜻 | 연극이나 영화의 각본으로 각색되거나 다른 나라의 말로 번역되기 이전의 본디 작품 |
| | | 예시 | 이 작품은 원작에 충실하다는 평을 받고 있다. |

| ❶ | | 뜻 | |
| | | 예시 | |

| ❷ | | 뜻 | |
| | | 예시 | |

| ❸ | | 뜻 | |
| | | 예시 | |

| ❹ | | 뜻 | |
| | | 예시 | |

| ❺ | | 뜻 | |
| | | 예시 | |

02 낱말의 뜻을 이해하고 글쓰기 - ① 의미 관계

남자(男子)
발음[남자]
「명사」

「1」 남성으로 태어난 사람. ≒남
- 남자 친구
- 남자 탈의실

「반대말」 여자(女子)

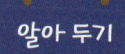 알아 두기

국어사전을 찾으면 낱말 사이의 의미 관계를 알 수 있어요. 대표적으로 사전에는 유의어와 반의어의 정보가 나와 있어요. '남자'를 예로 들면 비슷한 말로 '남'이라는 낱말이 있고, 반대말은 '여자'예요. 남자의 뜻은 '남성으로 태어난 사람'이에요. 사전을 좀 더 자세히 들여다보면, '남자'에 포함된 낱말로 '총각, 아저씨, 사나이' 등이 있다는 것도 알 수 있지요. 여기서는 국어사전을 찾아 낱말 사이의 의미 관계를 파악하고 이를 바탕으로 간단한 글을 쓰는 연습을 해 봐요.

연습하기

1 〈보기〉처럼 주어진 낱말의 뜻을 사전에서 찾아 쓰고, 제시된 조건에 맞는 낱말을 써 보세요.

보기

낱말	뜻	포함된 낱말
계절	규칙적으로 되풀이되는 자연 현상에 따라서 일 년을 구분한 것	봄, 여름, 가을, 겨울

❶

낱말	뜻	뜻이 비슷한 낱말
아침밥		

❷

낱말	뜻	뜻이 반대인 낱말
영리하다		

❸

낱말	뜻	포함된 낱말
맛		

직접 써 보기

1 '음식'과 관련된 여러 낱말로 마인드맵을 작성하고, 이를 바탕으로 〈보기〉처럼 글을 써 보세요.

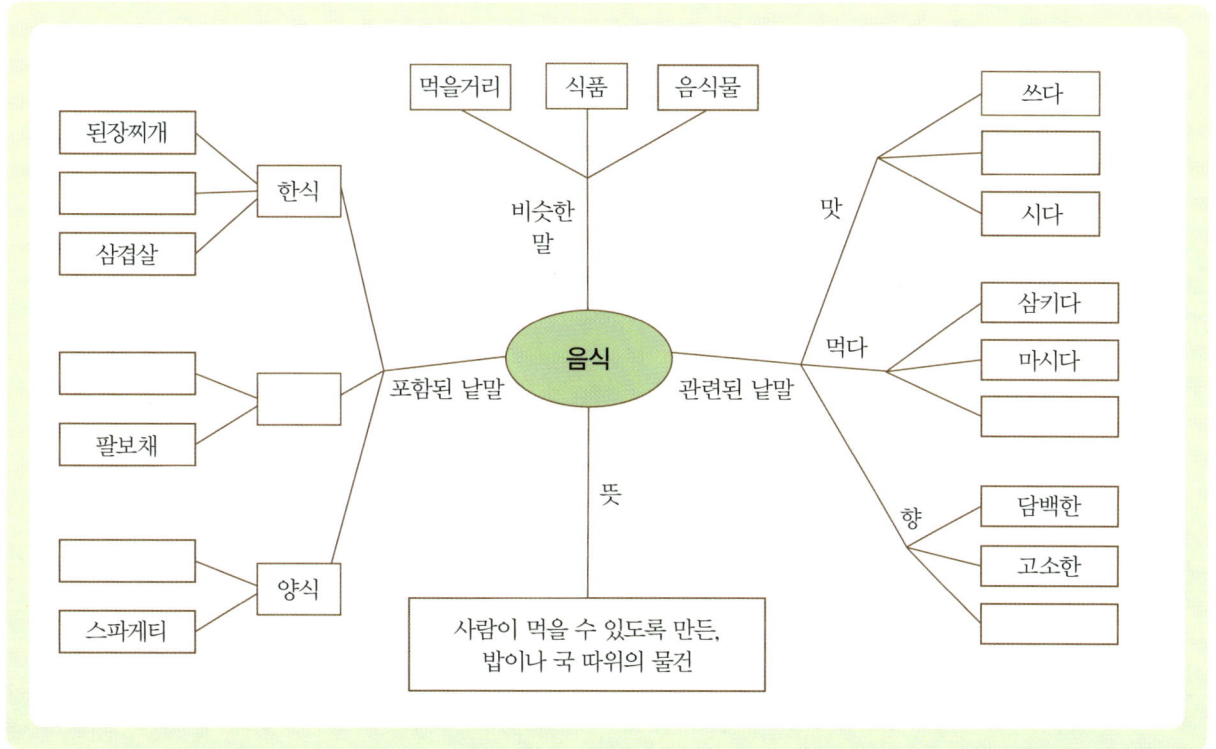

> 보기
>
> 음식은 '사람이 먹을 수 있도록 만든, 밥이나 국 따위의 물건'이란 뜻을 가지고 있습니다. 음식은 한식과 중식, 양식으로 분류할 수 있습니다. 한식으로 된장찌개, 비빔밥, 삼겹살 등이 있고, 중식에는 짜장면, 팔보채 등이 있습니다. 양식은 스테이크나 스파게티 등의 요리가 있습니다.

2 '동물'과 관련된 여러 낱말로 마인드맵을 작성하고, 이를 바탕으로 〈보기〉처럼 글을 써 보세요.

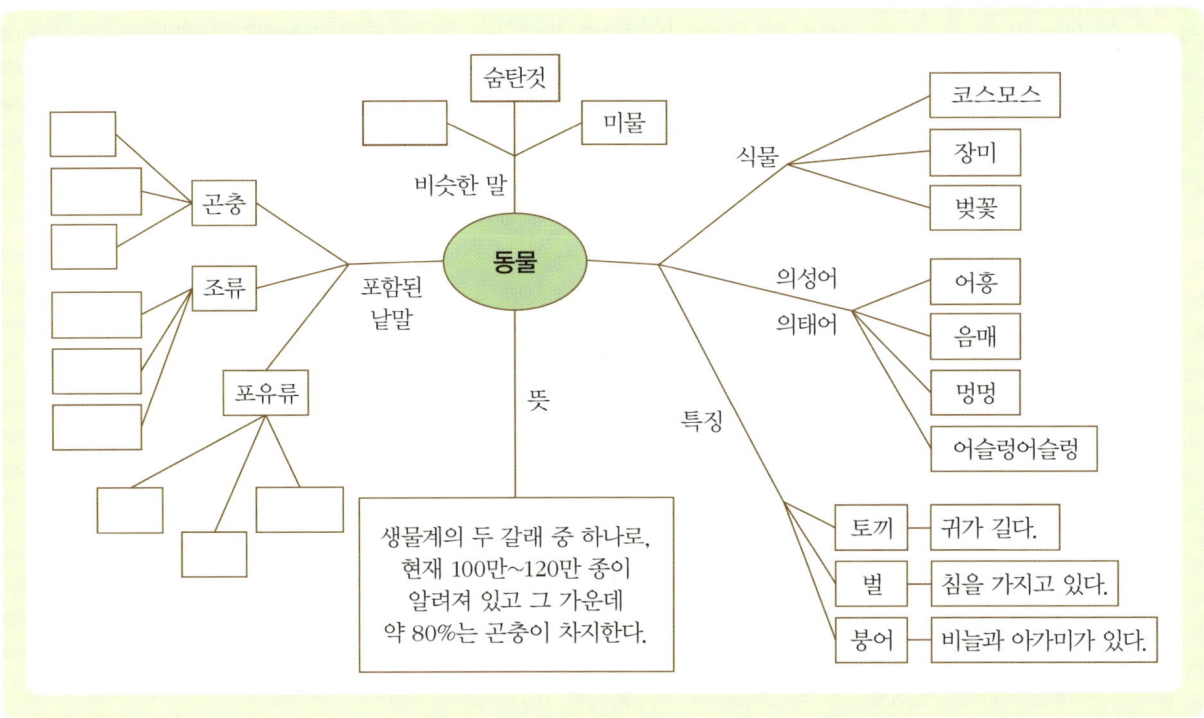

보기
　동물은 '생물계의 두 갈래(식물과 동물) 중 하나'라는 뜻을 가지고 있습니다. 동물과 관련한 낱말로 의성어나 의태어가 많습니다. 동물의 울음소리와 관련한 의성어로 '어흥, 음매, 멍멍' 등이 있고, 동물의 움직임과 관련한 의태어로 '깡충깡충, 어슬렁어슬렁, 엉금엉금' 등의 낱말이 있습니다.

3 스스로 흥미를 가지고 있는 낱말을 선택해서 그 낱말과 관련된 마인드맵을 작성하고, 이를 바탕으로 하나의 글을 써 보세요.

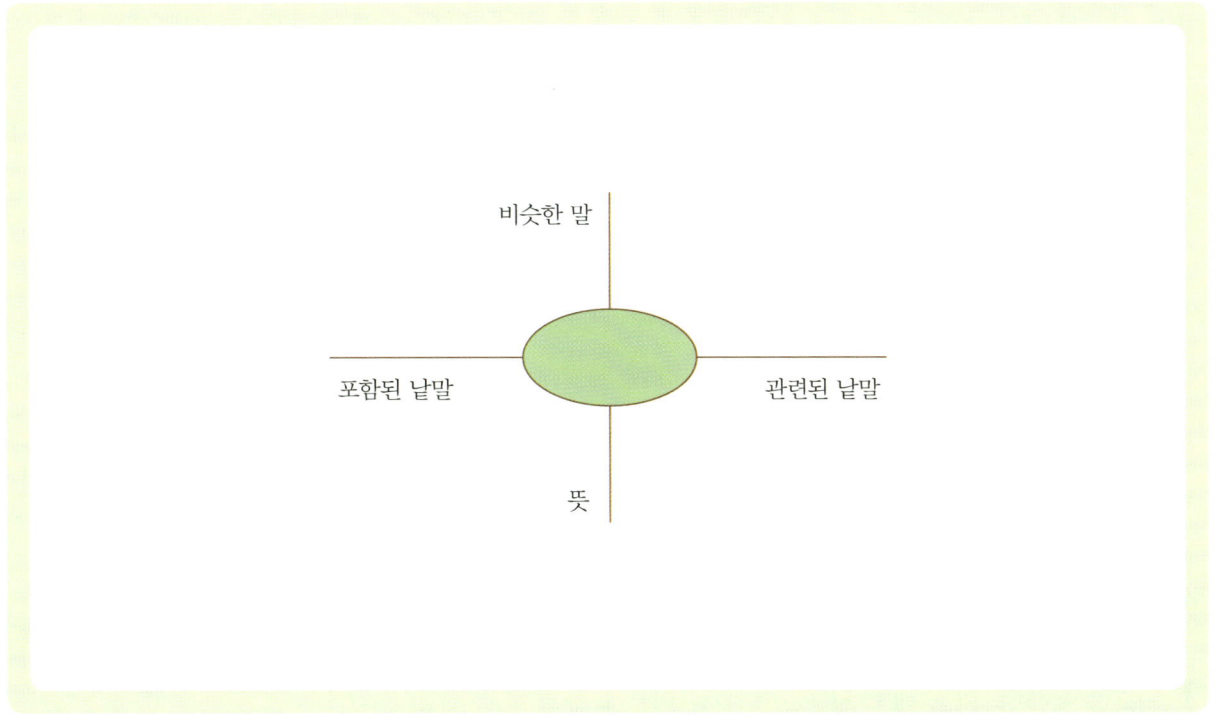

03 낱말의 뜻을 이해하고 글쓰기 - ② 다의어

마시다 「1」 물이나 술 따위의 액체를 목구멍으로 넘기다.　「2」 공기나 냄새 따위를 입이나 코로 들이쉬다.
- 차를 마시다.
- 동생은 목이 마른지 물을 벌컥벌컥 마셨다.
- 정상에 올라 신선한 공기를 가득 마셨다.
- 그는 간밤에 연탄가스를 마셔 병원에 실려 갔다.

연습하기 [1~2] 다음 글을 읽고, 물음에 답하세요.

　　브라질에게 어이없는 골을 ① 먹은 대한민국 대표 팀 모두가 순식간에 겁을 ② 먹었다. 브라질 선수들은 중간중간 음료를 ③ 먹으며 웃고, 여유를 보였다. 그 모습을 보고 기분이 나빠진 우리나라는 마음을 단단히 ④ 먹고 경기장을 누비기 시작했다. 나이를 가장 많이 ⑤ 먹은 한 선수는 다른 선수들의 투지를 살리기 위해 자신이 앞장서서 열심히 뛰었다.

1 ①~⑤ 중 '먹다'의 뜻에 맞게 쓰인 번호를 빈칸에 각각 써 주세요.

	여러 가지 뜻	관련 낱말
먹다	음식 따위를 입을 통하여 배 속에 들여보내다.	
	어떤 마음이나 감정을 품다.	④
	일정한 나이에 이르거나 나이를 더하다.	
	겁, 충격 따위를 느끼게 되다.	
	구기 경기에서 점수를 잃다.	

2 <보기>처럼 ①~⑤ 중 하나를 골라서 그 뜻에 알맞은 문장을 만들어 보세요.

> 보기　③ ➡ 오늘 저녁은 아빠와 함께 삼겹살을 먹어야겠다.

☐ ➡ _____

3 제시된 낱말의 여러 가지 뜻에 적합한 문장을 〈보기〉처럼 만들어 보세요.

❶ 강하다 ㉠ 물체가 굳고 단단하다.   ㉡ 성격이 곧고 단단하다.

보기 ㉠ ➡ 그 컵은 **강해서** 절대 깨지지 않는다.

㉠ ➡

㉡ ➡

❷ 주섬주섬 ㉠ 여기저기 널려 있는 물건을 하나하나 주워 거두는 모양
㉡ 조리에 맞지 아니하게 이 말 저 말 하는 모양

보기 ㉡ ➡ 엄마는 내 질문에 **주섬주섬** 대답을 늘어놓았다.

㉠ ➡

㉡ ➡

❸ 탄생 ㉠ 사람이 태어남
㉡ 조직, 제도, 사업체 따위가 새로 생김

보기 ㉡ ➡ 낡은 체제가 붕괴되고, 새로운 제도가 **탄생**했다.

㉠ ➡

㉡ ➡

04 사전을 활용한 주제별 글쓰기 - ① 남극

연습하기

1 남극에 관한 글을 읽으면서 어려운 낱말을 국어사전에서 찾아 〈보기〉처럼 써 보세요.

> 　남극은 거의 모든 면적이 빙상과 빙하로 덮여 있는 지구에서 가장 추운 대륙입니다. 특히 남극은 여러 대륙 중 해발고도가 가장 높은 지역입니다. 남극에서 해발고도가 높아지는 곳으로 갈수록 기온이 낮아집니다. 예를 들어, 고도가 높은 남극점에 가까이 갈수록 7~8월의 평균 기온은 영하 59.3도 정도이고, 최저 기온은 영하 80도까지 내려가기도 합니다.
> 　남극에서는 이처럼 추운 기온 때문에 사람이 감기에 걸리지 않습니다. 감기가 걸리는 원인인 바이러스가 남극에서 동사하기 때문입니다. 그러므로 남극에 가서 감기에 걸린 사람이 있다면 그는 그곳에 오기 전에 감염된 상태였을 가능성이 큽니다.

보기
- **낱말**: 해발고도
- **뜻**: 평균 해수면을 기준으로 하여 잰 어떤 지점의 높이

	낱말	뜻
❶	남극	
❷		
❸		
❹		

직접 써 보기

1 남극에 관해 쓸 내용을 정리해서 마인드맵을 채워 보세요.

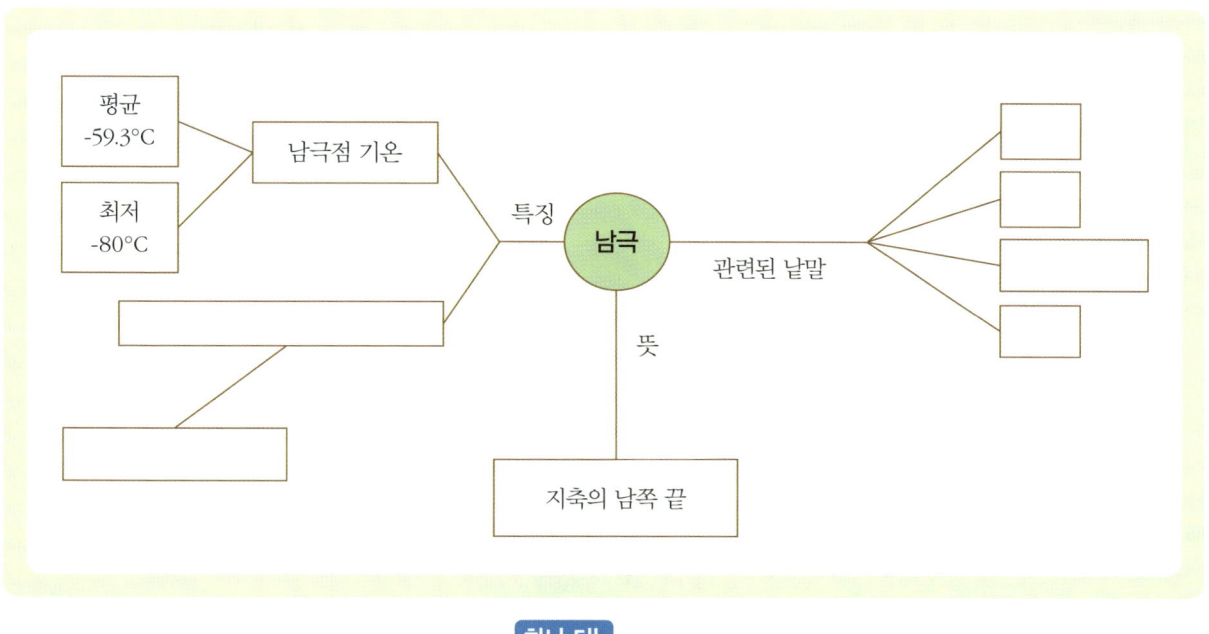

> **하나 더!**
> 스스로 '남극'을 조사해서 마인드맵을 그린다면 더 좋은 글을 쓸 수 있어요.

2 위에 그린 마인드맵을 바탕으로 남극에 관한 글을 〈보기〉처럼 간단히 써 보세요.

> **보기**
> 남극은 지축의 남쪽 끝에 있는 대륙입니다. 지구상에서 가장 추운 곳으로 남극점 가까운 곳은 평균 기온이 영하 59.3도밖에 되지 않습니다. 이런 추운 기온 때문에 바이러스가 살 수 없으므로 남극에 사는 사람은 이론적으로 감기에 걸릴 수 없습니다.

05 사전을 활용한 주제별 글쓰기 - ② 공항

연습하기

1 공항에 관한 글을 읽으면서 어려운 낱말을 국어사전에서 찾아 〈보기〉처럼 써 보세요.

> 비행기를 타고 출발할 때는 몇 가지 유의할 점이 있습니다. 먼저 비행기 표는 모바일로 수신하고 현장에서 셀프 체크인(자동 탑승권 발급)을 할 수 있습니다. 발권 이후에 비행기를 타기 위해서 신분을 확인합니다. 이때 생체 인식을 통해 자신임을 증명하거나 생체 인식을 등록하지 않았다면 신분증 검사를 하는 과정이 이루어집니다.
>
> 보통 비행기를 타고 이동하면 짐이 많은데 공항에서는 이 짐을 검사한 후 탑승을 합니다. 위탁 수하물에 포함되지 못하는 물건으로는 대표적으로 충전용 배터리, 전자담배, 라이터 등이 있습니다. 이 물건들은 화재 위험성이 있기 때문에 부치는 짐 안에 넣지 못합니다.

 모바일(mobile), 셀프 체크인(self check-in) 같은 낱말은 외국어이므로 국어사전을 찾아도 나오지 않습니다.

〈보기〉
- 낱말: 수신
- 뜻: 전신이나 전화, 라디오, 텔레비전 방송 따위의 신호를 받음

낱말	뜻
❶ 발권	
❷	
❸	
❹	

직접 써 보기

1 공항에 관해 쓸 내용을 정리해서 마인드맵을 채워 보세요.

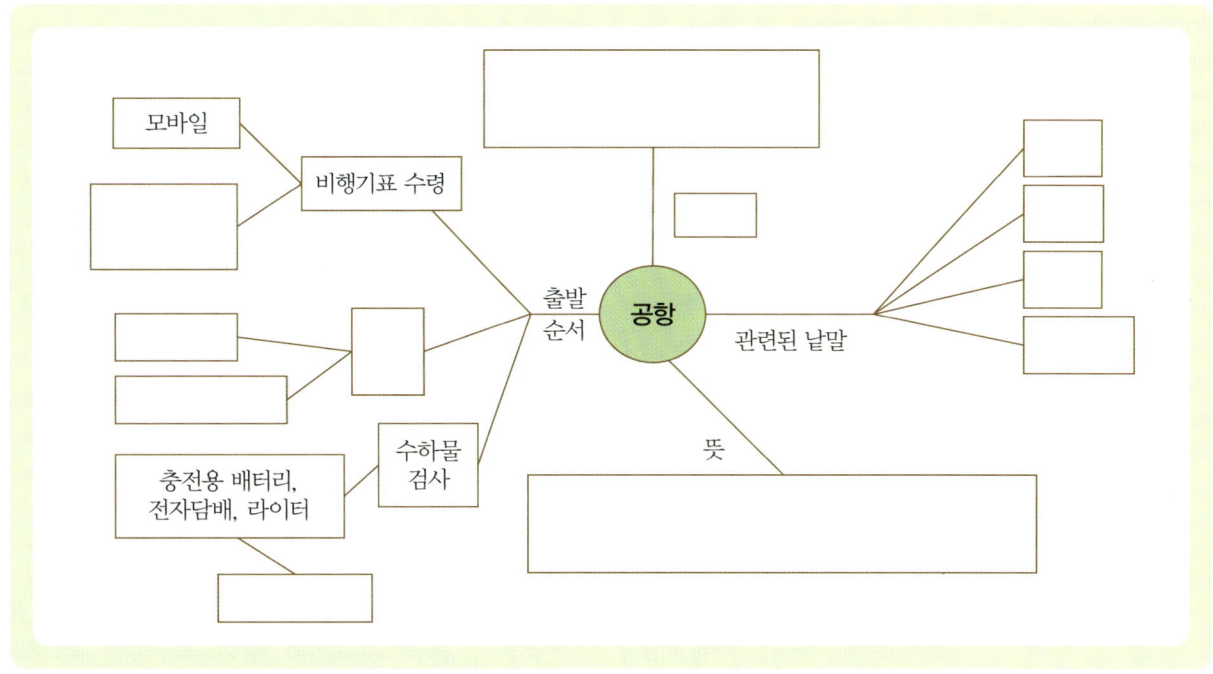

2 위에 그린 마인드맵을 바탕으로 공항에 관한 글을 〈보기〉처럼 간단히 써 보세요.

> **보기**
> 공항은 항공 수송을 위하여 사용하는 공공 비행장을 뜻합니다. 공항은 일반 여객과 화물의 수송이 목적인 경우가 많습니다. 공항에서 위탁 수하물을 맡길 때 모두의 안전을 위해 가져갈 수 없는 물건이 많습니다. 위탁 수하물은 비행기 짐칸에 들어가는 짐을 말하는데 여기서 불이 나면 아무도 신경 쓸 수가 없기 때문입니다.

06 사전을 활용한 주제별 글쓰기 - ③ 코로나

연습하기

1 코로나에 관한 글을 읽으면서 어려운 낱말을 국어사전에서 찾아 〈보기〉처럼 써 보세요.

> 2019년 11월, 중국 후베이성 우한시에서 지금까지 발견된 적이 없는 바이러스가 나타났다. '급성 호흡기 전염병(코로나바이러스감염증-19)'이 우리 생활에 등장하게 된 것이다. 이 바이러스는 우리나라를 포함해 전 세계로 퍼진 후에 현재까지 지속적으로 문제가 되고 있다.
> 코로나바이러스의 등장으로 우리 생활의 많은 부분이 변했다. 제일 크게 바뀐 것 중 하나는 마스크의 착용이다. 많은 사람이 실내·외를 가리지 않고 2년 이상 마스크를 착용해 왔다. 또, 흐르는 물에 비누로 손을 깨끗이 씻는 것이 병을 막아 주기 때문에 많은 사람이 자주 손을 씻게 되었다.

 '코로나'라는 말은 생긴 지 얼마 되지 않은 말이어서 아직 사전에 등록되지 않았어요.

보기
- **낱말**: 급성
- **뜻**: 병 따위의 증세가 갑자기 나타나고 빠르게 진행되는 성질

	낱말	뜻
❶	전염병	
❷		
❸		
❹		

직접 써 보기

1 코로나에 관해 쓸 내용을 정리해서 마인드맵을 채워 보세요.

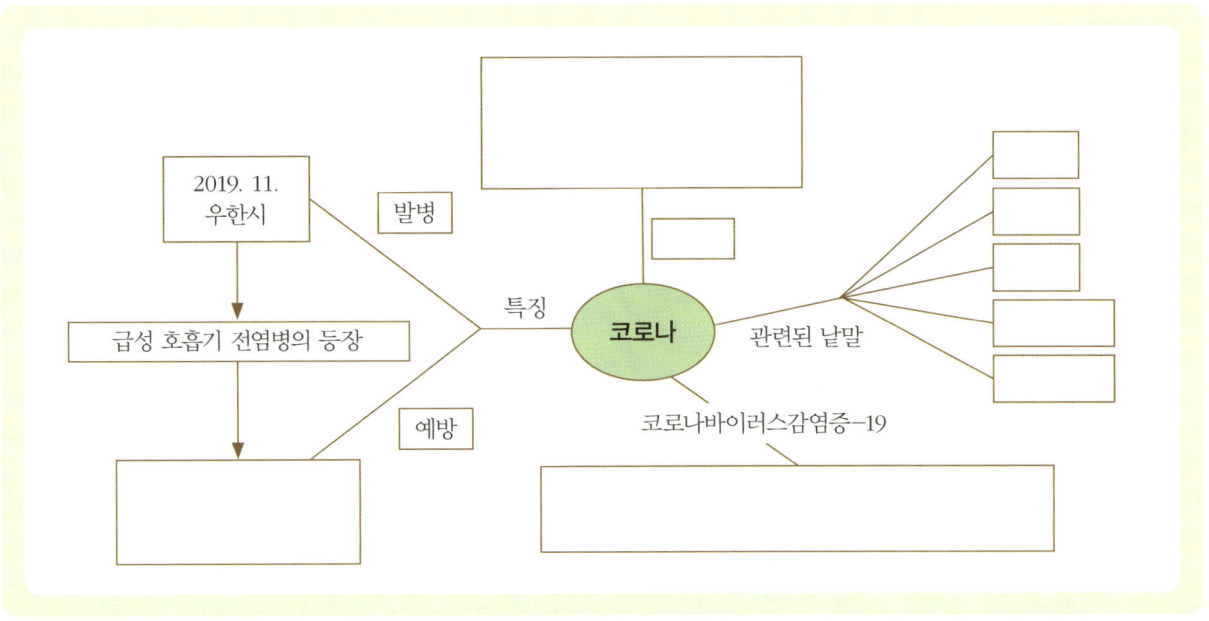

2 위에 그린 마인드맵을 바탕으로 코로나에 관한 글을 〈보기〉처럼 간단히 써 보세요.

> 〈보기〉
> '코로나바이러스감염증-19'는 변종 코로나바이러스 때문에 발병하는 급성 호흡기 전염병입니다. 이 병은 바이러스가 몸속으로 빠르게 침투해 호흡하는 기관을 공격하는 전염성을 가진 병입니다. 코로나에 걸리면 목이 아프거나 기침을 심하게 하는데 이것도 바이러스의 특징과 관계가 깊습니다. 이러한 바이러스를 예방하기 위한 가장 좋은 방법은 마스크를 꾸준히 쓰고, 손을 깨끗이 씻는 것입니다.

07 사전을 활용한 주제별 글쓰기 - ④ 플라스틱

연습하기

1 플라스틱에 관한 글을 읽으면서 어려운 낱말을 국어사전에서 찾아 〈보기〉처럼 써 보세요.

> 플라스틱은 고분자 화합물의 일종으로 가공이 쉬워서 대부분의 일상 생활용품에서 쉽게 발견할 수 있습니다. 예를 들면, 일회용 수저나 페트병, 플라스틱 컵 등 우리가 볼 수 있는 많은 물건이 플라스틱으로 이루어져 있습니다. 플라스틱은 특히 포장재로 많이 사용하는데 대표적으로 비닐봉지나 스티로폼이 있습니다.
>
> 플라스틱은 여러 가지 성질을 가지고 있습니다. 플라스틱은 열에 무척 약합니다. 높은 온도에 노출되면 금방 녹아 버립니다. 또, 플라스틱은 썩지 않습니다. 예를 들면, 플라스틱의 하나인 스티로폼은 썩는 데 500년이 넘게 걸린다고 합니다.
>
> 현재 플라스틱은 환경 오염의 주범으로 알려져 있습니다. 우리는 이러한 플라스틱 사용에 주의를 기울여야 합니다. 되도록 플라스틱으로 만들어진 물건을 쓰지 않고, 쓰게 된다면 오래 사용하고 제대로 분리수거해서 버려야 할 것입니다.

- **낱말**: 플라스틱
- **뜻**: 열이나 압력으로 소성 변형을 시켜 성형할 수 있는 고분자 화합물을 통틀어 이르는 말

	낱말	뜻
❶	고분자	
❷		
❸		
❹		

직접 써 보기

1 플라스틱에 관해 쓸 내용을 정리해서 마인드맵을 채워 보세요.

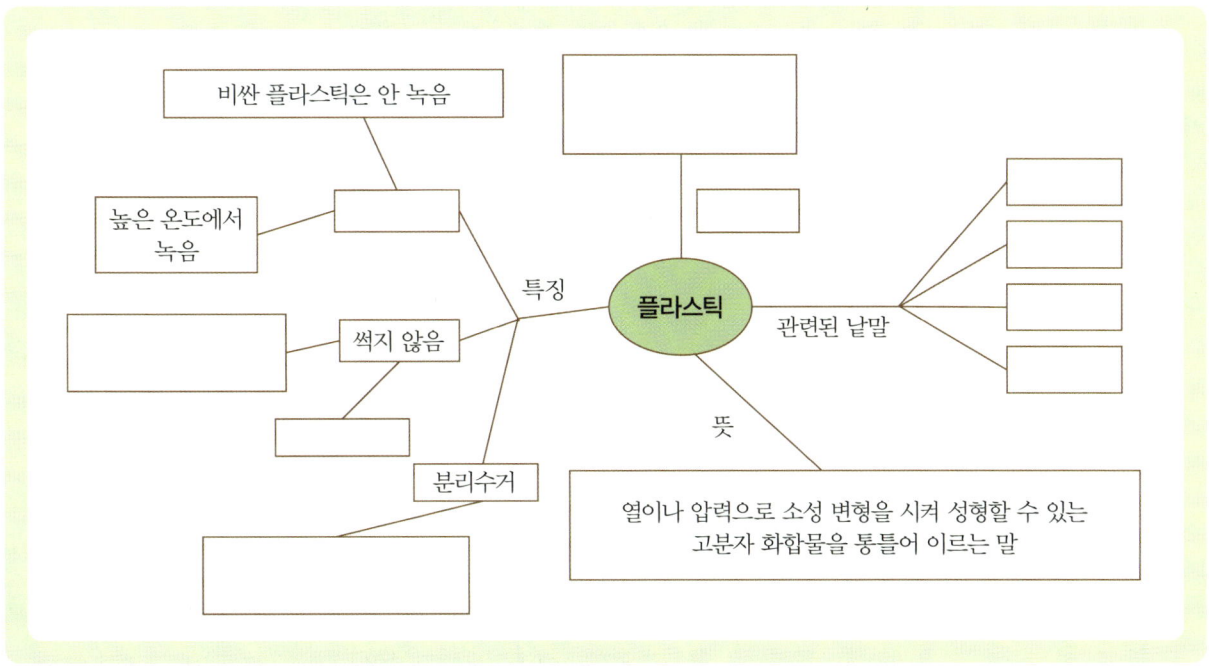

2 위에 그린 마인드맵을 바탕으로 플라스틱에 관한 글을 〈보기〉처럼 간단히 써 보세요.

> **보기**
>
> 　　플라스틱은 여러 가지 성질을 가지고 있습니다. 첫째, 플라스틱은 높은 열에 노출되면 녹아 버립니다(요즘에 나오는 값비싼 플라스틱 제품 중에서는 녹지 않는 플라스틱도 있다고 합니다). 둘째, 플라스틱은 썩지 않습니다. 플라스틱의 일종인 스티로폼은 썩는 데만 500년 이상이 걸립니다.

08 사전을 활용한 주제별 글쓰기 - ⑤ 세종특별자치시

연습하기

1 세종특별자치시에 관한 글을 읽으면서 어려운 낱말을 국어사전에서 찾아 〈보기〉처럼 써 보세요.

> 세종특별자치시는 대한민국의 유일한 특별자치시로 2012년 7월 1일에 선정되었다. '세종'이라는 지역 명칭은 도시 이름을 짓기 위한 공모를 통해 뽑힌 것으로, 이는 '세종대왕'에서 가져온 것이라고 한다. 대한민국의 대표적인 행정 도시로 정부 기관이 여러 차례 이곳으로 이전하였고, 국무총리 관저도 이곳에 있다.
>
> 이러한 행정중심복합도시가 이곳에 생긴 이유는 여러 가지가 있다. 우선 수도권에 인구가 몰리는 부작용을 줄이고, 국가 균형 발전에 이바지하기 위해서 정부가 충청남도에 세종특별자치시를 만들었다고 한다. 또, 북한이 쳐들어왔을 때 서울은 북한과 너무 가깝기 때문에 우리나라가 대응할 시간을 벌기 위한 목적으로 이곳에 신도시가 건설되었다는 말도 있다.

- **낱말**: 자치
- **뜻**: 지방 자치 단체가 국가로부터 위임받은 행정 업무를 수행하는 일

	낱말	뜻
❶	공모	
❷		
❸		
❹		

직접 써 보기

1 세종특별자치시에 관해 쓸 내용을 정리해서 마인드맵을 채워 보세요.

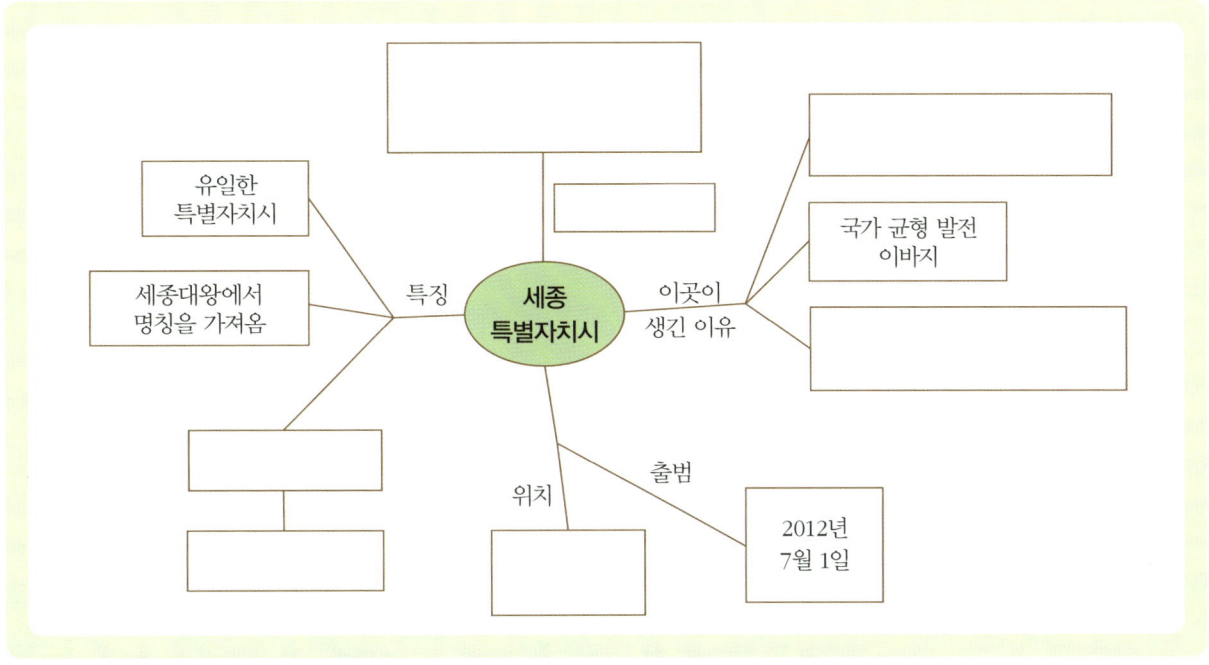

2 위에 그린 마인드맵을 바탕으로 세종특별자치시에 관한 글을 〈보기〉처럼 간단히 써 보세요.

세종특별자치시는 여러 가지 특징을 가지고 있습니다. 세종시는 2012년 7월 1일에 선정된 대한민국 유일의 '특별자치시'입니다. 또, '세종'이란 이름은 공모를 통해 선정되었는데, 이는 한국인이 가장 존경하는 인물인 '세종대왕'에서 가져왔다고 합니다. 많은 정부 기관이 세종특별자치시로 이전하였으며 국무총리 관저도 이곳에 있습니다.

4단원

원고지 쓰기

이것을 배워요!

앞 단계에서 문장 부호 '쉼표, 마침표, 물음표, 느낌표, 큰따옴표, 작은따옴표, 가운뎃점, 쌍점, 말줄임표, 괄호, 붙임표, 물결표'에 대해서 배웠어요. 여기서는 지금까지 배운 문장 부호를 원고지에 다시 한번 써 볼 거예요. 다양한 문장 안에 포함된 문장 부호를 원고지에 쓰면서 '원고지 쓰기 규칙'을 한 번 더 생각해요. 그리고 숫자와 영어, 동시 쓰는 법을 알고, 이렇게 배운 내용을 원고지에 직접 적용해 봐요.

<문장 부호 복습>

- **, 쉼표**: 부르는 말 뒤 또는 여러 낱말을 늘어놓을 때
- **. 마침표**: 한 문장이 끝날 때
- **? 물음표**: 물어볼 때, 모르거나 불확실한 내용일 때
- **! 느낌표**: 감탄이나 놀람, 명령 등을 강조할 때
- **" " 큰따옴표**: 글 안에서 대화를 나타낼 때
- **' ' 작은따옴표**: 마음속으로 한 말을 적을 때
- **· 가운뎃점**: 열거할 대상을 일정한 기준으로 묶어서 제시할 때
- **: 쌍점**: 낱말에 대한 간단한 설명을 적거나 낱말에 포함되는 항목을 적을 때
- **…… 말줄임표**: 할 말을 줄이거나 할 말이 없음을 나타낼 때
- **( ) 괄호**: 대상을 더 설명하거나 빈칸인 것을 나타낼 때
- **- 붙임표**: 차례대로 이어지는 내용을 붙여 쓰거나 두 개 이상의 낱말이 밀접한 관련이 있을 때
- **~ 물결표**: 기간이나 거리 또는 범위를 나타낼 때

01 문장 부호 쓰기 ①

알아 두기

1) 기본적으로 한 칸에 하나의 문장 부호만 쓴다.

| , | . | ? | ! | " | " | ' | ' | · | : | (|) | - | ~ |

* 말줄임표는 한 칸에 점 세 개씩 두 칸에 나누어 쓴다.

| … | … |

2) 물음표와 느낌표 뒤에 오는 따옴표는 다음 칸에 쓴다. 하지만 마침표 뒤에 오는 따옴표는 마침표가 있는 칸 안에 함께 쓴다.

| | " | 학 | 교 | 에 | | 가 | 니 | ? | " | |
| | " | 지 | 금 | | 출 | 발 | 해 | 요 | ." | |

3) 마침표, 쉼표, 붙임표, 물결표 다음 칸은 비우지 않는 것을 원칙으로 한다.

	예	.	알	겠	습	니	다	.			
	콜	라	,	사	이	다	,	주	스	,	커	피
	한	국	-	중	국	-	일	본			
	12	일	~	15	일	,	48	~	58	쪽	

4) 물음표와 느낌표를 쓴 다음 칸은 비워 둔다.

| | 파 | 이 | 팅 | ! | | 우 | 리 | | 반 | | 최 | 고 | ! |
| | 왜 | ? | | 무 | 슨 | | 일 | | 있 | 어 | ? | | |

연습하기

1 원고지 표기 중 맞는 것에 ○표 해 주세요.

❶
| | 야 | ! | | 반 | 갑 | 다 | . | 너 | | 어 | 디 | | 가 | ( ) |
| | 야 | ! | 반 | 갑 | 다 | . | 너 | | 어 | 디 | | 가 | 고 | ( ) |

❷
| | " | 아 | 프 | 냐 | ? | 나 | 도 | | 아 | 프 | 다 | . | " | ( ) |
| | " | 아 | 프 | 냐 | ? | | 나 | 도 | | 아 | 프 | 다 | . " | ( ) |

❸
| | 처 | 음 | – | | 가 | 운 | 데 | – | | 끝 | . | | 31 | ( ) |
| | 처 | 음 | – | 가 | 운 | 데 | – | 끝 | . | 31 | ~ | 47 | | ( ) |

2 다음 글을 원고지 표기에 맞게 옮겨 써 보세요.

> 아침이 되었다.
> "연주야! 아침 운동 가지 않을래?"
> 아빠가 물었다. 하지만 나는 진짜 나가기 싫었다.
> "아니, 나는 가고 싶지 않아."

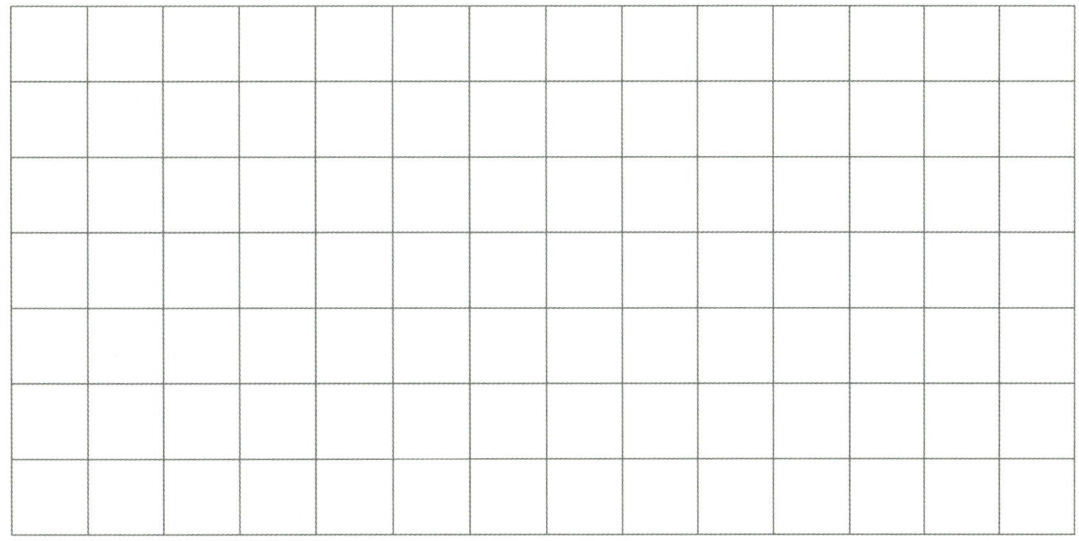

02 문장 부호 쓰기 ②

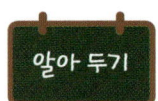

1) 따옴표나 쌍점, 괄호 다음 칸은 상황에 따라서 한 칸을 붙여서 쓰거나 띄어서 쓴다.
   ① 따옴표 다음에 낱말이 오면 띄어 쓰고, 따옴표 다음에 조사가 오면 붙여 쓴다.

	"	왜	?	"		그	는		웃	으	면	서	
	"	왜	?	"	라	고		그	는		웃	으	면

   ② 쌍점 뒤 칸은 상황에 따라 붙여서 쓰거나 띄어서 쓸 수 있다. 숫자 사이에 오는 쌍점은 반드시 붙여서 쓴다.

참	가	:		사	람	초	,	한	라	산	초
일	시	:		3	월		2	일	3	:	20

   ③ 닫는 괄호 다음에 낱말이 오면 띄어 쓰고, 닫는 괄호 다음에 조사가 오면 붙여 쓴다.

	(	1	)		한	국	(	韓	國	)	은		일
본	(	日	本	)		중	국	(	中	國	)	과	

	이	번	에		해	리	포	터	(	H	ar	ry	
P	ot	te	r	)	를		읽	었	다	.			

2) 따옴표나 괄호 등의 부호가 줄의 마지막 칸에서 시작할 때는 끝의 칸을 비우고 다음 줄 첫 칸에 쓴다.

영	국	의		학	자		베	이	컨	은	
'	아	는		것	이		힘	이	다	. '	라	고

3) 닫는 따옴표가 줄의 첫 칸에 올 경우 앞줄 끝 칸에 붙여 쓴다.
   또, 마침표·쉼표·물음표·느낌표 등의 부호도 줄의 첫 칸에는 쓰지 않도록 한다.

	"	이	번		선	생	님	은		어	떠	니	? "
	"	학	원	에		가	서		뭐	를		했	니?"

연습하기

1 원고지 표기 중 맞는 것에 ○표 해 주세요.

❶
| | (| 1 |) | 곰 | , | 고 | 양 | 이 | , | 원 | 숭 | 이 | | ( ) |
| | (| 1 |) | | 곰 | , | 고 | 양 | 이 | , | 원 | 숭 | 이 | ( ) |

❷
| | 오 | 후 | | 3 | 시 | | 20 | 분 | (| 3 | : | | 20) | ( ) |
| | 오 | 후 | | 3 | 시 | | 20 | 분 | (| 3 | : | 20 |) | ( ) |

❸
	'	너	는		무	엇	을		하	고		있	어?'	( )
	'	너	는		무	엇	을		하	고		있	어	
?	'													( )

2 다음 글을 원고지 표기에 맞게 옮겨 써 보세요.

> 철수가 학교 도서관에서 "네가 좋아하는 책은 뭐니?"라고 나에게 물었다. 나는 과학 잡지: 뉴턴, 축구 잡지: 12월(역사)을 좋아한다. 철수는 깜짝 놀라 "왜?"라고 이유를 물었다.

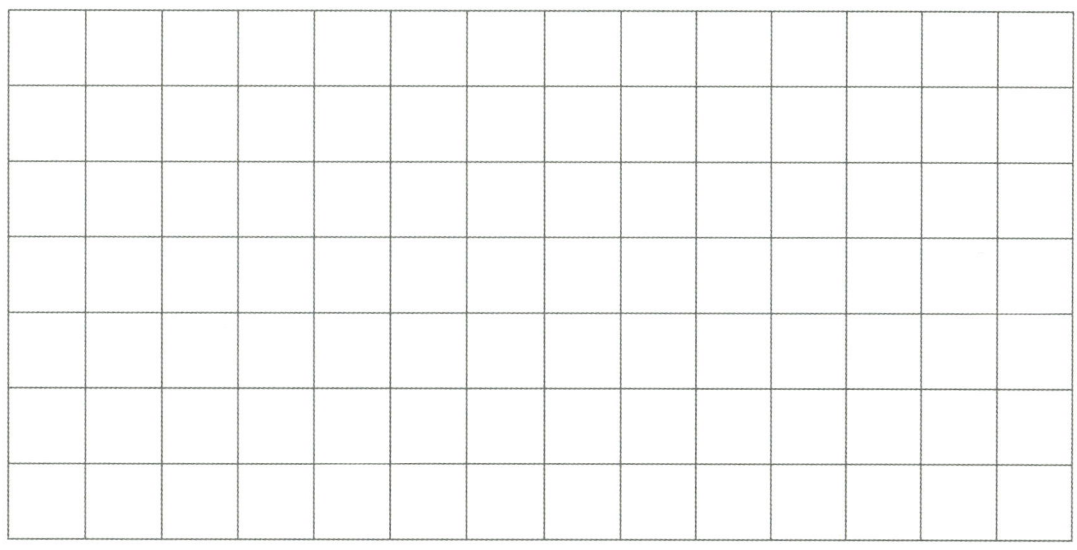

03 문장 부호 쓰기 연습

직접 써 보기

1 다음 글을 원고지 표기에 맞게 옮겨 써 보세요.

① 영화관에서 '겨울왕국'을 보고 왔다. 특히, 기억에 남는 장면은 엘사와 안나가 어린 시절 만들었던 올라프가 다시 태어나는 장면이었다. 엘사가 "Let it go!"라고 노래를 부르는 순간! 올라프가 엘사의 손에서 탄생한다.

② 김한얼의 생일에 초대합니다. "생일에 꼭 참석해 줘."라고 한얼이가 간절히 부탁드립니다.
날짜: 9월 17일 오후 2:30
장소: 하늘키즈카페(2층)
연락처: 010-****-0000

❸
"악몽은 나쁜 영향을 끼치나요?"
"꼭 그런 것만도 아니랍니다."
"그건 무슨 뜻인가요?"
"악몽에는 자신이 평소 좋지 않게 생각하는 감정이 나타나는 경우가 많죠. 그러한 것을 극복하려고 노력하면 도움이 되지요."

❹ 집 안에 도둑이 들었다. 현이는 "도둑이야!"라고 크게 소리를 질렀다. 도둑은 어디로 나가야 할지 갈피를 잡지 못했다. 현이는 "도둑이야!"라고 다시 한번 소리를 질렀다. 도둑은 "어디? 어디야?"라고 말하면서 불을 켰다. 도둑은 깜짝 놀란 아빠였다.

04 원고지에 숫자와 영어 쓰기

1) 알파벳 대문자, 낱자로 된 숫자는 원고지 한 칸에 한 자씩 쓴다.

| | A | B | C | D | | 숫 | 자 | 3 | , | 5 | |

2) 두 자 이상으로 된 알파벳 소문자와 숫자는 원고지 한 칸에 두 자씩 쓴다.

| | ab | cd | ef | gh | | 숫 | 자 | 35 | , | 54 | |

3) 홀수로 이루어진 알파벳 소문자와 숫자는 앞에서부터 두 자씩 끊어서 쓴다.

| | sm | ar | t | | ph | on | e | | 35 | 6 | , | 45 | 8 |

4) 한 줄에 쓸 수 있는 칸이 제한되어 있으면 단위가 작은 숫자나 영어의 경우 다음 줄에 쓰는 것이 아니라 앞 줄 끝 칸 밖에 붙여 쓴다.

| | 내 | 가 | | 사 | 는 | | 귤 | 의 | | 값 | 은 | | 1, | 000 |
| 원 | 이 | 다 | . | | | | | | | | | | | |

| | 어 | 제 | | 스 | 티 | 브 | 가 | | " | C | an | | yo | uV |
| gi | ve | | me | | a | | ha | nd | ? | " | | 라 | 고 | |

5) 한 줄에 쓸 수 있는 칸이 제한되어 있으면 단위가 큰 숫자의 경우 남는 칸을 비워 두고, 다음 줄의 첫 칸부터 쓸 수 있다. 숫자 구분용 쉼표를 쓸 때는 원고지 한 칸에 숫자 하나와 구분용 쉼표 하나를 함께 쓴다.

| | 20 | 23 | 년 | | 세 | 계 | | 인 | 구 | 수 | 는 | | |
| 8, | 04 | 5, | 31 | 1, | 44 | 7 | 명 | 이 | 다 | . | | | |

6) 한 줄에 쓸 수 있는 칸이 제한되어 있으면 글자 수가 많은 영어 낱말의 경우 붙임표를 활용해서 다음 줄에 이어 쓸 수 있다.

| | 얼 | 마 | | 전 | 에 | | 라 | 따 | 뚜 | 이 | (| R | at | - |
| at | ou | il | le |) | | 라 | 는 | | 애 | 니 | 메 | 이 | 션 | 을 | V |

연습하기

1 원고지 표기 중 맞는 것에 ○표 해 주세요.

❶
Wh	at		ti	me		is		it		now	?	

( )

	W	ha	t		ti	me		is		it		no	w?

( )

❷
인	구	수		1	위	는		인	도	로	
1,	42	8,	62	3,	17	3	명	(	20	23	년		기

( )

인	구	수		1	위	는		인	도	로		1,
42	8,	62	3,	17	3	명	(	2	0	2	3	년

( )

❸
어	제		몬	스	터		대	학	교	(	M	on
st	er	s		U	ni	ve	rs	it	y	)	라	는

( )

어	제		몬	스	터		대	학	교		
(	M	on	st	er	s		U	ni	ve	rs	it	y	)

( )

2 다음 글을 원고지 표기에 맞게 옮겨 써 보세요.

> "Can you help me?"
> "Sorry, I can't."
> 할 수 없이 택배비 13,000원을 들여서 물건을 서울(Seoul)로 보냈다.

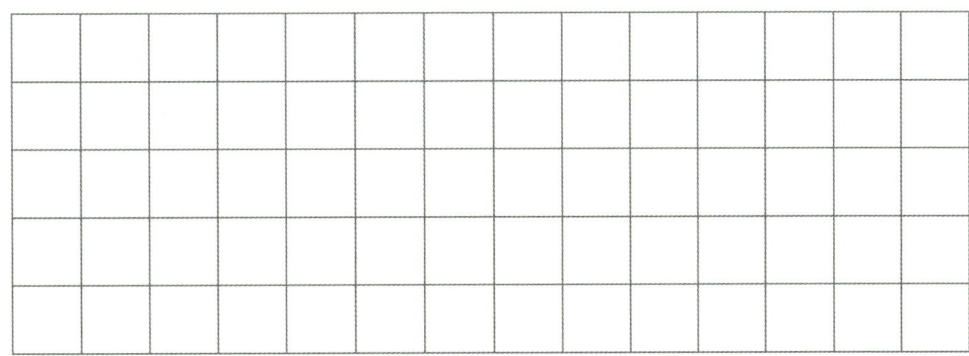

05 원고지에 동시 쓰기

'원고지에 동시 쓰기'도 기본적으로 원고지 쓰기 규칙을 그대로 따른다.

		〈	동	시	〉							
							빵					
									김	은	별	
	난		빵		먹	을		때				
	가	장		행	복	하	다	.				
	단	팥	빵	,	크	림	빵	,	크	루	아	상
생	크	림		케	이	크	,	초	코		케	이	크	까	지

〈

	담	백	한		빵	보	다	는		달	짝	지	근	하	고
부	드	러	운		빵	이		좋	다	.		
	빵	을		그	렇	게		먹	는	데		
	왜		살	이		안		찌	냐	고	?	
	맛	있	게		먹	으	면					
	살	이		안		찐	다	.				

직접 써 보기

1 다음 동시를 원고지 표기에 맞게 옮겨 써 보세요.

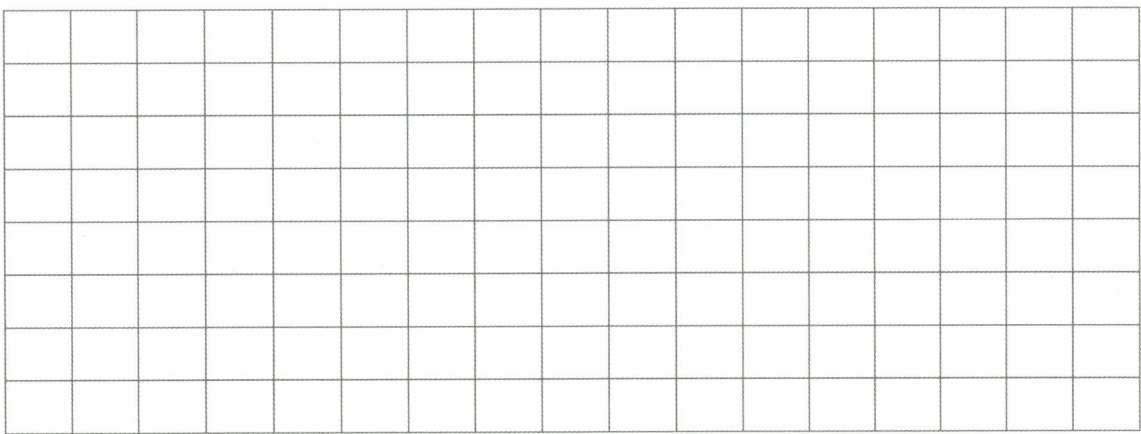

❷
〈동시〉
　　제목: 어색한 너, 이름: 한서진

가끔씩
나는 네가 어색해.

왜냐고 물으면
뭐라고 말하지 못하겠지만
그냥 네가 너무 어색해.

뭐랄까?
네가 나에게 다가올 때 가끔씩 흠칫 놀라는 나

너는 어떠니?
이런 불편한 마음 너는 알고 있니?

<동시>

제목: 다른 사람이 보는 나, 이름: 고예리

나는
예민하고, 새침하지만……
다른 사람을 잘 챙기고, 배려심이 깊다.

하지만
얘는 우악스럽다.
쟤는 상냥하다.
걔는 침착하다.

내가 보는 나와 네가 보는 나

너의 눈에 나는 어떤 사람일까?
단순한 사람이 아니었으면……

5단원

장르 및 목적에 따라 글쓰기 (1)

이것을 배워요!

이번 단원에서는 '일기와 생활문, 편지'를 배워 볼 거예요. 이러한 글의 장르는 자신의 생각이나 느낌을 어떻게 나타내는지가 중요해요. 일기와 생활문은 자신이 겪은 일에 대한 생각이나 느낌을 다시 한번 떠올려 보는 글이지요. 편지는 다른 사람에게 자신의 생각이나 느낌을 전달하는 글이에요. 글의 장르만 조금씩 달라질 뿐, 결국 이러한 글은 자신의 생각이나 느낌을 어떻게 표현하는지가 중요해요. 여기서는 생각이나 느낌을 여러 가지 형식의 글로 표현하는 연습을 해 볼 거예요.

여기에 더해서 '문학 장르'의 이야기 글을 써 보는 연습을 추가로 할 거예요. 이야기의 '인물, 사건, 배경'을 생각해서 이어질 내용을 상상해서 쓰거나 바꾸어 쓰는 등 자신의 생각이나 느낌을 마음껏 표현할 수 있는 글쓰기를 연습해 봐요.

01 일기 - ① 글감 찾고 생각이나 느낌 적기

알아 두기 일기는 글감을 찾고, 그에 대한 반성(생각이나 느낌)을 적는 개인의 기록이에요. 일기에서 제일 어려운 것이 글감 찾기예요. 쓸 내용을 떠올리지 못하면 일기를 쓸 수가 없죠. 여기서는 오늘 하루 겪은 일을 브레인스토밍하고 글감을 찾아요. 그리고 나서 관련 내용을 마인드맵으로 정리하고, 그에 대한 생각이나 느낌을 쓰는 연습을 해 봐요.

연습하기

1 오늘 하루 있었던 일이나 그때의 감정을 〈보기〉처럼 브레인스토밍해 보세요.

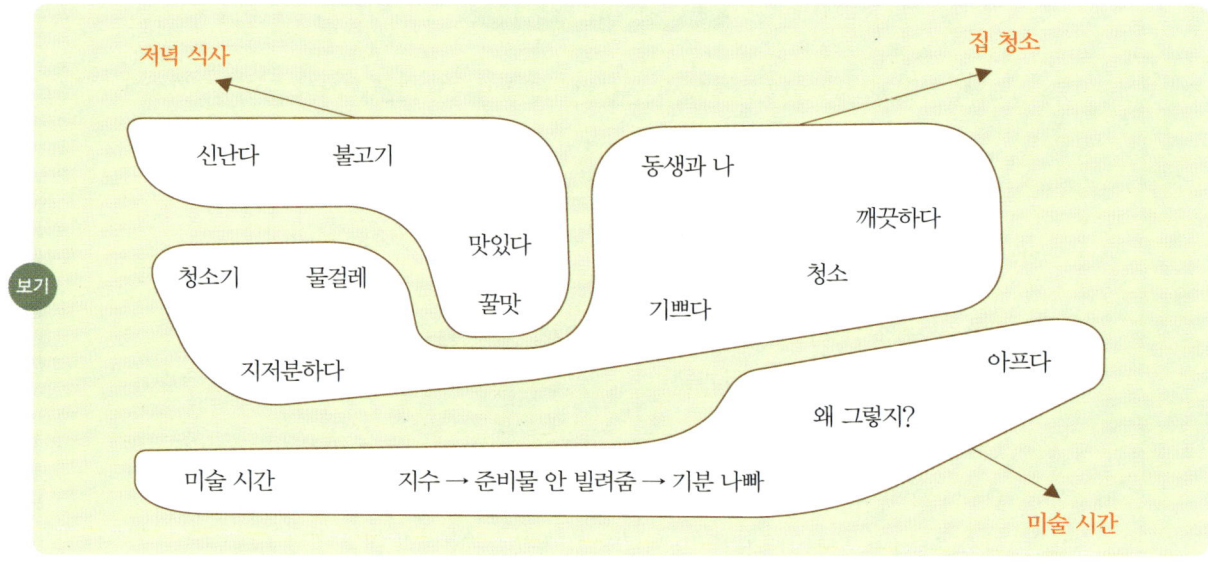

2 자신이 브레인스토밍한 내용을 관계 있는 것끼리 묶고, 무슨 일인지 묶은 내용 옆에 간단히 써 보세요.

3 브레인스토밍한 내용을 〈보기〉처럼 마인드맵으로 간단히 정리해 보세요.

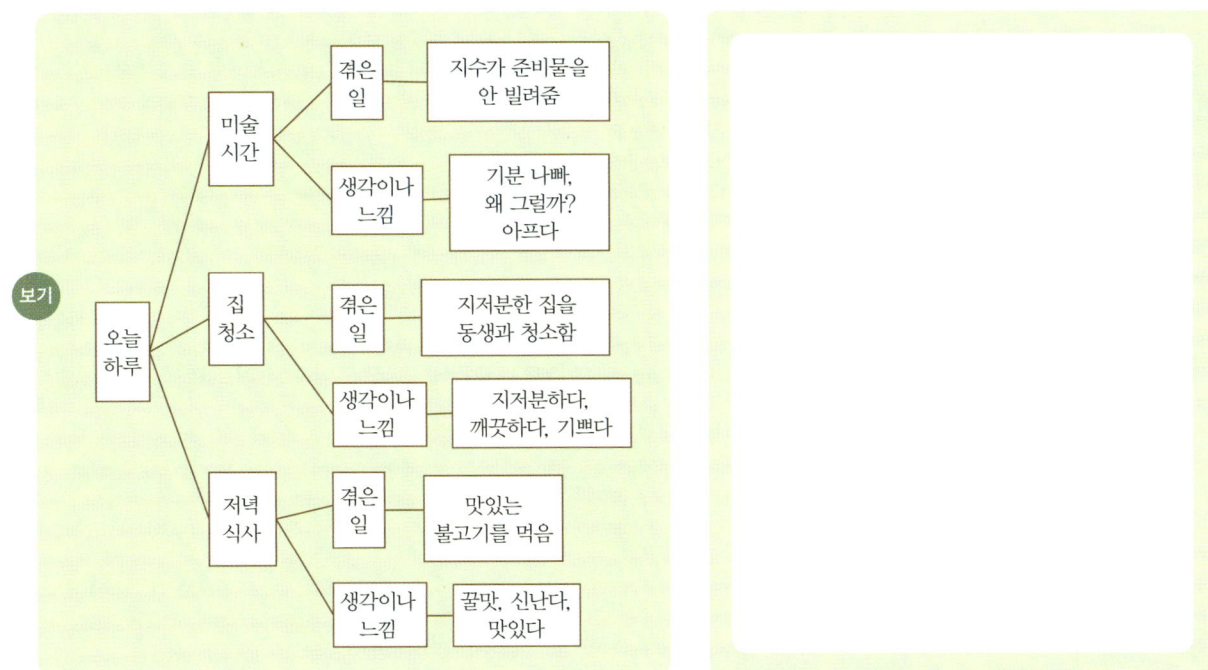

4 위에 정리한 여러 가지 글감에 대한 생각이나 느낌을 〈보기〉처럼 간단한 문장으로 써 보세요.

보기

글감	미술 시간
생각이나 느낌	지수가 미술 시간에 준비물을 빌려주지 않아서 속상했다. 준비물을 왜 빌려주지 않았는지 궁금했고, 마음이 아팠다.

❶
글감	
생각이나 느낌	

❷
글감	
생각이나 느낌	

02 일기 – ② 다양한 형식으로 일기 쓰기

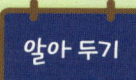 자신이 하루 동안 겪은 일에 대한 생각이나 느낌을 더 잘 표현할 수 있는 방법은 여러 가지가 있어요. 일기로 활용할 수 있는 장르는 그림, 만화, 시, 음악, 편지, 인터뷰, 상장 등이죠. 여기서는 하나의 글감을 가지고 다양한 형식(만화, 인터뷰, 상장)의 일기로 표현하는 연습을 해 봐요.

연습하기

1 앞쪽에서 적었던 여러 가지 글감을 어떠한 형식의 일기로 표현하고 싶은지 〈보기〉처럼 써 보세요.

보기

글감	형식	이유
미술 시간	인터뷰	친구가 나에게 준비물을 빌려주지 않은 이유가 무엇인지, 묻고 답하는 일기를 써 보고 싶다.

❶

글감	형식	이유

❷

글감	형식	이유

직접 써 보기

〈네 컷 만화로 표현하기〉

1 '네 컷 만화'로 표현하고 싶은 일기의 글감을 〈보기〉처럼 써 보세요.

> 보기 | 저녁 시간에 불고기를 맛있게 먹은 일

---

2 각 칸에 그릴 내용을 〈보기〉처럼 간단히 써 보세요.

보기

❶ 열심히 청소하는 동생과 나	❷ 기뻐하는 엄마
❸ "불고기 해 줄까?" 라고 묻는 엄마	❹ 맛있게 불고기를 먹는 모습

❶	❷
❸	❹

3 위에 정리한 내용으로 '네 컷 만화 일기'를 직접 그려 보세요.

02. 일기 - ② 다양한 형식으로 일기 쓰기

〈인터뷰로 표현하기〉

1 '인터뷰'로 표현하고 싶은 일기의 글감을 〈보기〉처럼 써 보세요.

> 보기 미술 시간에 준비물을 빌려주지 않은 지수

2 일기에서 인터뷰를 하고 싶은 사람과 어떤 질문을 할지 생각해서 〈보기〉처럼 써 보세요.

보기

인터뷰하고 싶은 사람	인터뷰 질문 내용
지수	1. 미술 시간에 준비물을 빌려주지 않은 이유는 무엇입니까? 2. 준비물을 빌려주지 않은 친구의 마음은 어떨까요? 3. 그 친구에게 하고 싶은 말은 무엇인가요?

인터뷰하고 싶은 사람	인터뷰 질문 내용

3 인터뷰를 받는 사람은 어떤 기분일지 생각해서 〈보기〉처럼 간단히 써 보세요.

> 보기 지수는 내가 어떤 상처를 받았는지 몰라서 당황할 것 같다.

4 〈보기〉처럼 인터뷰 일기를 완성해 보세요.

> **보기**
>
> **질문** 안녕하십니까? 오늘은 미술 시간에 시은 양에게 상처를 준 지수 씨와 인터뷰해 보겠습니다. 안녕하세요? 지수 씨.
> **지수** 네, 안녕하세요?
> **질문** 혹시 미술 시간에 시은 양에게 준비물을 빌려주지 않은 이유가 무엇인가요?
> **지수** 그냥 그때 갑자기 빌려주기 싫었어요. 자기 준비물은 자기가 챙겨야죠.
> **질문** 그때 시은 양의 마음은 어땠을까요?
> **지수** 속상했겠죠. 저도 거기에 대해서는 미안하게 생각합니다.
> **질문** 그렇군요. 혹시 시은 양에게 마지막으로 하고 싶은 말이 있나요?
> **지수** 그렇게까지 속상해할 줄 미처 몰랐습니다. 내일은 웃는 얼굴로 보면 좋겠네요.
> **질문** 네. 인터뷰에 응해 주셔서 감사합니다. 시은 양에게 이 인터뷰 내용 잘 전달하겠습니다.

〈상장으로 표현하기〉

1 '상장'으로 표현하고 싶은 일기의 글감을 〈보기〉처럼 써 보세요.

> 보기   동생과 함께한 집 청소

하나 더!
'상장'에는 상장을 '받는 사람'과 '받을 이유'가 꼭 들어가요. 그러니까 '다른 사람을 칭찬하는 내용의 일기'를 써 봤다면 상장 일기를 좀 더 잘 쓸 수 있겠죠?

2 일기에서 상장을 주고 싶은 사람과 그 이유는 무엇인지 〈보기〉처럼 써 보세요.

보기

상장을 주고 싶은 사람	상장을 주고 싶은 이유
동생 신우	집이 지저분해서 청소를 했는데 동생이 많이 도와주었다. 동생은 불평도 하지 않고 걸레로 방을 깨끗이 닦았다.

상장을 주고 싶은 사람	상장을 주고 싶은 이유

3 상장의 제목을 〈보기〉처럼 간단히 써 보세요.

> 보기   칭찬상, 형이 아우에게 주는 행복상

4 〈보기〉처럼 상장 일기를 완성해 보세요.

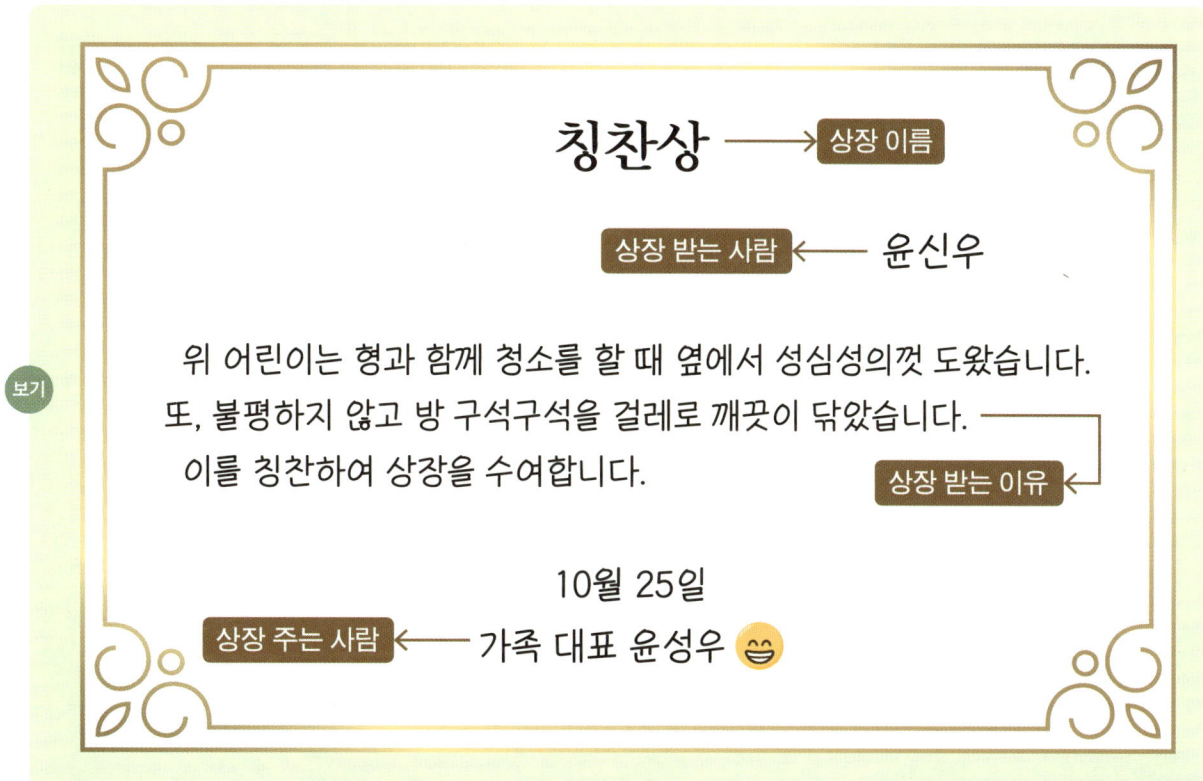

03 생활문 – ① 마음을 드러내는 표현 알기

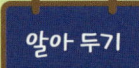 생활문은 겪은 일에 대한 생각이나 느낌을 구체적으로 써야 좋은 글이 돼요. 생활문은 독자에게 자신이 겪은 일을 생생하게 전달해야 하는 글이기 때문이죠. 생각이나 느낌을 구체적으로 적으려면 마음을 드러내는 표현을 알면 좋아요. 여기서는 마음을 드러내는 표현을 알고 겪은 일에 대한 생각이나 느낌을 구체적으로 쓰는 연습을 해 봐요.

연습하기

1 제시된 낱말 중 마음을 나타내는 표현(기분이나 감정)을 찾아 ○표 해 주세요.

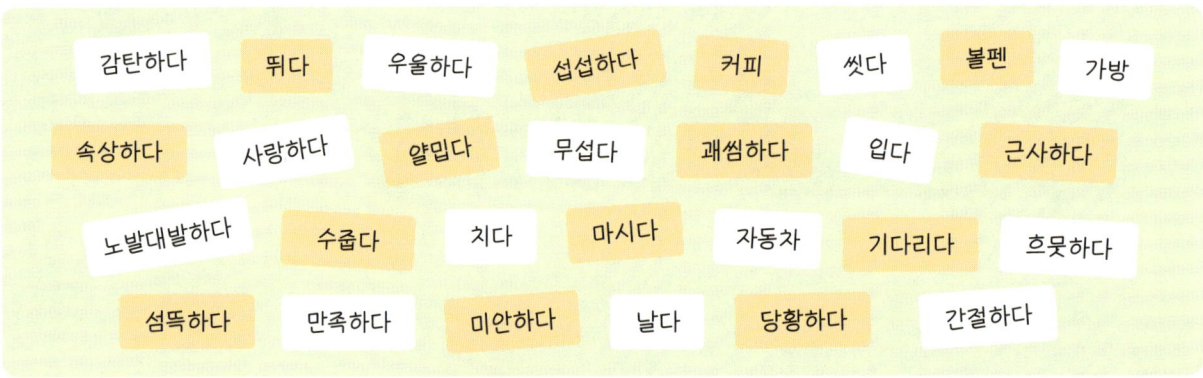

잠깐만!! 마음을 나타내는 표현은 기본적으로 '상태나 성질을 나타내는 낱말'을 뜻해요. 이름을 표현하거나 움직임을 나타내는 낱말은 마음을 나타내는 표현이라고 생각하기 어려워요.

2 위에서 ○표 한 낱말을 각 기본 감정에 관련 있는 말로 아래 표에 정리해 보세요.

기본 감정	관련 있는 낱말
좋다	근사하다,
싫다	얄밉다,
기쁘다	만족하다,
슬프다	우울하다,
부끄럽다	
놀라다	
화나다	
두렵다	
바라다	

직접 써 보기

1 겪은 일에 대한 생각이나 느낌을 '마음을 드러내는 표현'을 사용하여 〈보기〉처럼 구체적으로 표현해 보세요.

보기

겪은 일	운동회 달리기 대회에서 꼴등을 한 일
생각이나 느낌	꼴등으로 달릴 때 너무 당황스러웠고, 꼴등을 하고 나서는 친구들의 눈빛이 두려웠다.

❶

겪은 일	가족과 함께 귤 농장에 가서 귤을 딴 일
생각이나 느낌	

❷

겪은 일	길을 지나가는데 갑자기 온 차가 크게 빵빵거린 일
생각이나 느낌	

2 자신이 직접 겪은 일을 쓰고, 그에 대한 생각이나 느낌을 구체적으로 표현해 보세요.

겪은 일	
생각이나 느낌	

04 생활문 - ② 겪은 일을 실감 나게 쓰기

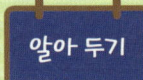 앞에서 배운 '마음을 나타내는 여러 가지 표현'으로 겪은 일에 대한 생각이나 느낌을 구체적으로 표현하여 생활문을 실감 나게 써 봐요.

연습하기

1 자신이 겪은 일 가운데 한 가지를 정해서 〈보기〉처럼 써 보세요.

> 보기 운동회 이어달리기 종목에서 넘어진 일

2 그때 들었던 생각이나 느낌을 〈보기〉처럼 브레인스토밍해 보세요.

보기	생각이나 느낌
당황하다 부끄럽다 두렵다 무섭다 수줍다 아찔하다 창피하다 속상하다 살벌하다	

3 〈보기〉처럼 생활문의 개요를 짜 보세요.

	보기	생활문 개요
누구와	반 친구들, 지웅이, 나연이	
언제, 어디에서	운동회 날, 운동장에서	
무엇을, 어떻게	이어달리기에서 넘어짐 친구들이 한심하게 쳐다봄	
생각이나 느낌	당황스럽고 부끄러웠다. 친구들의 눈빛이 두려웠다. 도망치고 싶었다.	

직접 써 보기

1 앞에서 정리한 내용을 바탕으로 〈보기〉와 같이 생활문을 직접 써 보세요.

> **보기**
>
> ### 아픈 꼴등
>
> 신민진
>
> 학교에서 운동회가 열렸다. 내가 출전한 종목은 반 대항 이어달리기. 어쩌다 운 좋게 달리기 대표가 됐는데 출발 전부터 내 가슴은 심하게 두근댔다.
>
> 이어달리기가 시작됐을 때 내 가슴은 기차 울음처럼 칙칙폭폭 대기 시작했다. 세 번째 주자였던 나는 긴장에 온몸이 땀으로 젖었다. 두 번째 주자가 나에게 바통을 넘겨줬다. 있는 힘껏 달리려 했지만 아뿔싸! 다리가 마음먹은 대로 움직이지 않았다. 옆 반 지웅이는 이미 저 멀리 달려갔다. 쫓아가려고 하면 할수록 거리 차는 점점 더 벌어졌다.
>
> 열심히 운동장을 달려서 마지막 주자에게 바통을 넘겨줬지만 내 마음은 말도 안 되게 비참했다. 모든 아이가 나를 비웃는 것처럼 느껴졌다. 나는 부끄러운 마음에 한참 고개를 숙이고 앉아 있었다. 마지막 주자 나연이 덕분에 간신히 패배를 면했지만 나 때문에 질 뻔했다는 생각이 나를 괴롭힌다. 어서 빨리 기억이 사라지면 좋겠다.

05 편지글 – ① 전하고 싶은 마음 적기

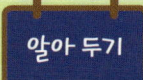
편지는 상대방에게 자신의 마음을 표현하는 글이에요. 편지를 읽는 사람에게 마음을 잘 전달하려면 생각과 느낌을 구체적으로 써야 해요. 여기서는 편지를 쓰기 전에 편지를 쓰는 사람과 무슨 일이 있었는지 떠올리고, 그와 관련해서 자신이 전달하고 싶은 마음을 자세하게 쓰는 연습을 해 봐요.

연습하기 [1~2] 다음 편지를 읽고, 물음에 답하세요.

> 아파트 경비원 아저씨께
>
> 　안녕하세요? 아저씨. 저는 101동에 사는 예준이라고 해요. 아파트에서 여러 가지 일을 도와주셔서 감사 인사를 드리려고 편지를 썼어요.
> 　지난번에 아파트 출입문이 고장 나서 집에 들어가지 못하고 있었는데 금방 조치를 취해 주셔서 진심으로 감사드립니다. 할 일을 하셨을 뿐이라는 아저씨의 말에 <u>얼마나 큰 감명을 받았는지 아저씨는 아마 모르실 거예요. 저에게는 아저씨가 마치 슈퍼맨처럼 보였거든요.</u>
> 　앞으로 얼굴 뵈면 인사 꼭 드릴게요. 추운 겨울 아파트를 위해 일해 주셔서 다시 한번 감사드려요. 고맙습니다.
>
> 　　　　　　　　　　　　　　　　　　　　　20○○년 1월 12일
> 　　　　　　　　　　　　　　　　　　　　　101동에 사는 양예준 올림

1 다음 빈칸에 알맞은 답을 써 보세요.

❶ 누가 누구에게 쓴 편지인가요?	
❷ 무슨 일에 대해 썼나요?	
❸ 편지에 전하려는 마음은 무엇인가요?	

2 경비원 아저씨께 감사 인사를 어떻게 드리고 싶은지 밑줄 친 문장을 〈보기〉처럼 바꾸어 써 보세요.

> 보기 심장 한쪽이 따뜻해지는 것을 느꼈어요. 저에게는 아저씨가 마치 저를 구하러 온 소방관처럼 보였거든요.

직접 써 보기

1 편지에 담긴 상황을 생각하며 어떤 마음을 전할 수 있을지 〈보기〉처럼 빈칸에 알맞은 문장을 써 보세요.

> 선우에게
>
> 선우야, 안녕? 나 연후야.
> 이번 반장 선거에서 네가 당선된 것을 축하하려고 편지를 쓰게 되었어.
>
> 보기: **마지막 한 표로 네가 당선되었을 때, 내가 얼마나 기뻤는지 너는 모를 거야. 반장 된 거 정말 축하하고, 앞으로 반을 위해 열심히 노력하는 너의 모습 기대할게.**
>
> 월요일에는 반장 임선우의 얼굴을 보게 돼서 기뻐. 다시 한번 축하해.
>
> 20○○년 3월 16일
> 너의 친구 연후가

❶
> 항상 우리 집 택배를 책임져 주시는 아저씨께
>
> 안녕하세요? 택배 아저씨. 저는 이 집에 살고 있는 시우라고 해요. 택배를 시켰을 때 항상 기분 좋은 문자를 보내 주시는 아저씨께 감사한 마음을 전하려고 이 편지를 썼어요.
>
> ------
> ------
> ------
> ------
> ------
>
> 문 앞에 둔 음료수는 아저씨를 위한 거예요(꼭 드셔야 해요). 항상 감사합니다.
>
> 20○○년 8월 22일
> 택배 받는 것을 좋아하는 시우 올림

❷
예리에게

예리야, 안녕? 나 소윤이야.

어제 국어 시간에 네가 펜을 빌려주지 않아서 무척 속상했어. 네가 왜 그랬는지 끙끙 앓는 것보다 이렇게 물어보는 것이 나을 것 같아서 편지를 써.

만약 나에게 기분 나쁜 일이 있다면 마음 풀기를 바랄게. 앞으로도 잘 지내자.

20○○년 11월 11일
너의 친구 소윤이가

❸
최선을 다해 뛴 민진이에게

민진아, 안녕? 나 주현이야.

이번 운동회에서 네가 계주 대표로 뛰었잖아. 계주에서 지긴 했지만 열심히 뛰는 네 모습에 감명을 받아서 편지를 쓰게 됐어.

나는 열심히 하는 네 모습에 감동받았어. 힘내.

20○○년 10월 14일
친구 주현이가

❹
선생님께

　선생님, 안녕하세요? 저 한울이예요.

　지난번에 선생님께서 지각하지 말라고 말씀하셨는데 오늘 또 지각을 하고 말았어요. 선생님의 실망하신 눈빛이 계속 기억에 남아서 편지를 써요.

　선생님, 더 이상 실망시켜 드리지 않을게요. 지켜봐 주세요!

20○○년 6월 12일

제자 이한울 올림

❺
웃는 얼굴이 매력적인 삼촌에게

　삼촌, 안녕하세요? 저 태민이예요. 얼마 전에 교통사고를 당해서 입원하셨다고 들었어요. 몸이 많이 편찮으실 것 같아서 걱정되는 마음에 편지를 보냅니다.

　삼촌, 몸 빨리 회복하세요. 삼촌이 일어나셔야 저도 기운이 날 것 같아요!

20○○년 9월 4일

삼촌을 사랑하는 태민이가

06 편지글 – ② 마음을 전하는 글쓰기

 편지를 쓸 때는 누구에게 무슨 일에 대해 쓸지 먼저 생각해야 해.

 그때 느꼈던 감정이나 전하고 싶은 마음을 구체적인 표현을 사용해서 쓰면 좋아.

 내 마음만 전하는 것이 아니라 편지를 읽는 사람의 마음도 생각해서 적으면 좋겠어.

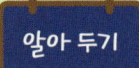 앞에서 배운 '전하고 싶은 마음을 자세하게 쓰는 연습'을 토대로 편지를 직접 써 봐요. 누구에게 편지를 쓰고 싶은지, 그 사람에게 무슨 마음을 어떻게 표현해야 할지 생각해요. 그러고 나서 편지의 개요를 짜고 쓸 내용을 조직한 후, 편지를 쓰면 좋은 글을 쓸 수 있어요.

연습하기

1 누구에게 무슨 일로 편지를 쓸지 〈보기〉처럼 브레인스토밍해 보세요.

 보기
윤봉길–독립 투쟁에 감사함
부모님–어버이날 감사, 친구–생일 축하
할아버지–안부 편지, 동생–다툼 화해
택배·경비 아저씨–힘든 업무 감사함
친구–부탁함, 군인–격려 편지
아픈 친구–위로 편지

2 브레인스토밍한 내용 중 쓰고 싶은 편지를 정하고, 〈보기〉처럼 표현하고 싶은 마음을 떠올려 보세요.

 보기
윤봉길: 감사하다, 고맙다, 훌륭하다, 대단하다
동생: 속상하다, 분노하다, 미안하다, 부끄럽다

3 앞에 쓴 내용을 토대로 〈보기〉처럼 편지의 개요를 짜 보세요.

	받는 사람	윤봉길 의사님	동생
	첫인사	감사 인사	안부 인사
보기	전하고 싶은 말	두려움에도 불구하고 맞서 싸운 용기 훌륭한 일을 하셨다는 감사 표현 앞으로도 잊지 않겠다는 말	별거 아닌 일로 싸워서 속상함 옷을 마음대로 입어서 화가 났음 언니인 내가 먼저 화내서 미안함
	끝인사	의사님을 본받아서 무슨 일을 하든 용감하게 마음을 다잡겠다는 말	앞으로는 빌려 갈 때 미리 말해 주면 좋겠음. 잘 지내자는 말
	쓴 날짜	20○○년 4월 29일	20○○년 9월 30일
	쓴 사람	꽃별초등학교 지혁	언니 연후

받는 사람	
첫인사	
전하고 싶은 말	
끝인사	
쓴 날짜	
쓴 사람	

직접 써 보기

1 앞에서 정리한 개요를 토대로 〈보기〉처럼 편지를 작성해 보세요.

      나라를 위해 생명을 바친 윤봉길 의사님께

    윤봉길 의사님, 안녕하세요? 저는 꽃별초등학교에 다니는 지혁이라고 해요.
    학교에서 '4월 29일'이 훙커우 공원에서 윤봉길 의사님이 일본 침략자들에게 폭탄을 던진 날이라고 배웠어요. 저는 윤봉길 의사님께서 나라를 위해 훌륭한 일을 하셨다는 것을 잊지 않기 위해서라도 꼭 편지를 써야겠다고 생각했어요.
    윤봉길 의사님, 의사님이 훙커우 공원에서 폭탄을 던졌을 때 얼마나 긴장하고 두려웠을까요? 죽음을 각오하고 그런 일을 시도했다는 것만으로도 대단하다고 생각합니다.
    앞으로 윤봉길 의사님을 본받아서 무슨 일을 하든 용감하게 마음을 다잡고 싶어요. 의사님, 다시 한번 감사합니다.

                                                 20○○년 4월 29일
                                                꽃별초등학교 지혁 올림

보기

    다퉜지만 아직도 귀여운 동생에게

    연정아, 안녕? 언니야.
    오늘 너와 별거 아닌 일로 싸웠고, 그것 때문에 많이 속상해서 편지를 썼어. 오늘 내가 화가 난 이유는 알고 있지? 내 옷을 말도 안 하고 마음대로 입고 나가서 기분이 안 좋았어. 앞으로는 옷을 빌려 입을 때 꼭 미리 말해 주면 좋겠어.
    그리고 언니인 내가 먼저 화를 내서 미안해. 조용히 대화할 수 있었는데 네 얼굴을 보니까 화가 먼저 나더라. 미안해. 미리 얘기하면 나도 최대한 옷을 빌려줄 수 있도록 노력할게.
    앞으로는 싸우지 말고, 잘 지내자. 동생아! 사랑해.

                                                 20○○년 9월 30일
                                                너의 언니 연후가

2 위의 편지를 다시 읽고, 아래 내용들을 점검해 보세요.

❶ 받는 사람에게 자신의 마음을 구체적으로 표현했는지 생각해 보세요.

❷ 받는 사람을 생각하며 진심으로 썼는지 생각해 보세요.

❸ 편지를 읽었을 때 읽는 사람의 기분이 어떨지 생각해 보세요.

07 이야기 쓰기 - ① 인물, 사건, 배경

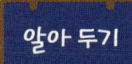

'인물'은 이야기에서 어떤 일을 겪는 사람이나 동물, 사물을 말하고, '사건'은 이야기에서 벌어지는 일이라고 할 수 있어요. '배경'은 이야기의 시간과 장소를 의미하죠. '인물, 사건, 배경' 중 한 가지만 바꾸어도 이야기의 내용이 많이 달라져요. 여기서는 이야기의 인물, 사건, 배경을 정리하고, 인물의 성격에 영향을 주는 '말과 행동'을 쓰는 연습을 해 봐요.

연습하기

1 다음 '양치기 소년' 이야기를 읽고, 빈칸에 알맞은 말을 써 보세요.

> 옛날 한 마을에 양치기 소년이 한 명 살았어요. 소년은 매일 양을 돌보았고, 넓은 초원은 아무런 사건 없이 평화로운 나날이 계속됐어요. 하지만 소년은 한가로운 양치기 일이 슬슬 지겨워지기 시작했지요.
>
> 어느 날, 소년은 재미있는 장난을 떠올렸어요. 초원에 늑대가 나타났다고 소리 지르면 마을 사람들이 놀라 뛰어 올라오는 모습이 재밌을 거라는 생각을 갖게 된 거죠. 그래서 소년은 "늑대가 나타났다! 늑대가 양을 잡아먹는다! 도와주세요!"라고 크게 외쳤어요. 소년의 급박한 목소리를 들은 마을 사람들은 허둥지둥 초원으로 갖가지 무기를 들고 올라왔어요. 땀을 뻘뻘 흘리며, 숨이 턱까지 차오른 사람들의 모습을 보고 소년은 무척 즐거웠어요. 소년이 거짓말을 했다는 것을 안 마을 사람들은 소년에게 엄청나게 화를 내며 다시 자신들의 일터로 돌아갔지요. 하지만 소년은 마을 사람들이 화를 내도 웃음만 났어요. 그들이 놀란 모습을 보는 게 즐거웠거든요.
>
> 소년은 또 심심해지자 다시 한번 목소리를 크게 높여 외쳤어요.
> "진짜 늑대야! 큰일이야! 빨리 모두 도와주세요!"
> 마을 사람들은 또 깜짝 놀라 평화로운 초원으로 다시 황망히 달려왔어요.

인물	• 마을 사람들 •
사건	• 소년이 한가로운 양치기 일에 싫증이 남 •
배경	• 시간: 옛날 • 장소:

[2~3] 양치기 소년이 화가 난 마을 사람들과 나눈 대화를 읽고, 물음에 답하세요.

마을 사람 1 소년아! 왜 거짓말을 했니?

소년 ㉠

마을 사람 2 그래도 그렇지. 우리는 지금 일하는 중이었다고.

소년 일하고 계셔도 한 번쯤 초원까지 뛰어오시니까 상쾌하지 않으세요? 저 덕분에 운동하셨으니까 오히려 저에게 고마워해야 한다고요.

마을 사람 3 그게 말이 되는 소리야? 우리는 너무 깜짝 놀라서 아직도 심장이 두근댄단 말이다. 잘못을 했으면 사과해야 하지 않을까?

2 앞의 이야기와 위의 대화에서 느낄 수 있는 양치기 소년의 성격을 써 보세요.

- 말을 함부로 하는 것을 보니 건방지다.
- 자신이 하고 싶은 것을 바로 실천에 옮기는 것을 보니 적극적이다.
-
-

하나 더!
이야기 속 인물의 말과 행동을 보면 인물의 성격을 알 수 있어요.

3 자신이 생각한 소년의 성격에 맞게 ㉠에 들어갈 소년의 말을 〈보기〉처럼 써 보세요.

보기 재밌지 않으셨어요? 저는 온 동네에 활력을 불어넣고 싶었다고요.

하나 더!
대화를 나누는 마을 사람들과 소년의 '표정'은 어떻게 다를까요?
인물의 말과 행동(성격)에 따라 인물의 표정을 상상해 보세요.

08 이야기 쓰기 – ② 이야기 상상하여 이어 쓰기

알아 두기 이야기를 상상해서 이어 쓰려면 이야기에 나오는 인물, 배경, 사건의 흐름을 생각해야 해요. 이야기의 구성 요소를 생각해서 이어 쓴다면 이야기 앞부분에 나온 내용과 어울리는 이야기를 자연스럽게 쓸 수 있지요. 여기서는 인물, 배경, 사건의 흐름을 생각하고, 뒤의 이야기를 상상하여 써 봐요.

연습하기 [1~2] 앞의 '양치기 소년' 이야기를 떠올리며 물음에 답하세요.

1 사건의 흐름을 생각하며 다음 빈칸에 알맞은 말을 써 보세요.

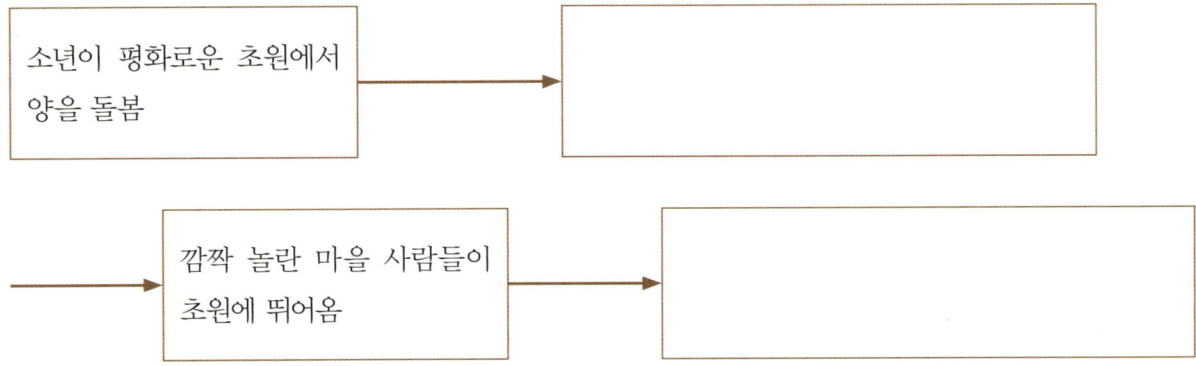

소년이 평화로운 초원에서 양을 돌봄 → 　　　　

→ 깜짝 놀란 마을 사람들이 초원에 뛰어옴 → 　　　　

2 이야기 다음에 무슨 일이 일어날지 상상해서 〈보기〉처럼 인물, 배경, 사건으로 정리해 보세요.

	보기	다음에 일어날 일
인물	양치기 소년, 마을 사람들, 검사, 판사, 변호사	
배경	재판장, 1개월 후	
사건	마을 사람들의 신고로 양치기 소년은 결국 재판을 받게 되었다. 죄를 뉘우치지 않는 소년에게 판사는 벌을 내렸다.	

직접 써 보기

1 앞에 정리한 내용을 바탕으로 〈보기〉처럼 이어질 이야기를 상상하여 써 보세요.

> **보기**
>
> 　하지만 소년의 외침과는 다르게 양들은 초원에서 평화롭게 풀을 뜯고 있었어요. 마을 사람들은 화가 나서 양치기 소년에게 물었어요.
> 　"대체 늑대는 어디에 있니? 또 거짓말을 한 거니?"
> 　"하하! 또 속았어요! 바보 아니에요?"
> 　마을 사람들은 소년의 대답에 화가 많이 났어요. 그중에는 중요한 일을 끝마치지도 못하고 온 사람도 있었답니다. 결국 몇몇 사람들이 소년의 거짓말 때문에 손해를 입었다고 신고를 했어요. 경찰차가 사이렌 소리를 울리며 초원에 몰려왔지요. 그제서야 소년은 용서를 빌었지만 마을 사람들의 화를 가라앉힐 수는 없었어요.
> 　1개월 후, 재판정에는 피고인석에 선 소년과 방청석에 앉은 여러 마을 사람의 모습이 보였어요. 검사와 변호사가 다양한 이치를 따진 뒤, 판사는 드디어 판결을 내렸어요.
> 　"죄인, 양치기 소년에게 1개월간의 마을회관 청소를 선고한다."
> 　양치기 소년은 자신의 거짓말에 대해 후회했지만 어쩔 수 없었어요. 다시는 거짓말을 하지 않겠다고 마을 사람들 앞에서 다짐했지만 마을회관 청소를 피할 수는 없었답니다.

08. 이야기 쓰기 - ② 이야기 상상하여 이어 쓰기

09 이야기 쓰기 - ③ 이야기 바꾸어 쓰기

연습하기

1 '양치기 소년' 이야기의 원래 구성을 자유롭게 바꾸어 〈보기〉처럼 마인드맵으로 정리해 보세요.

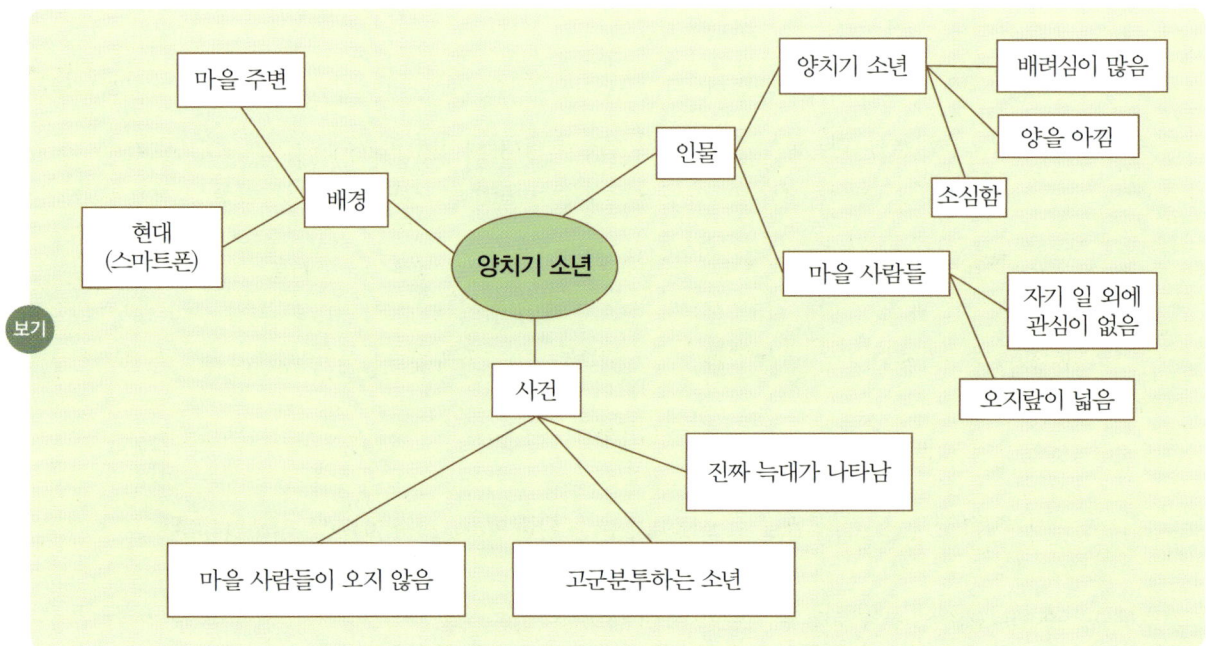

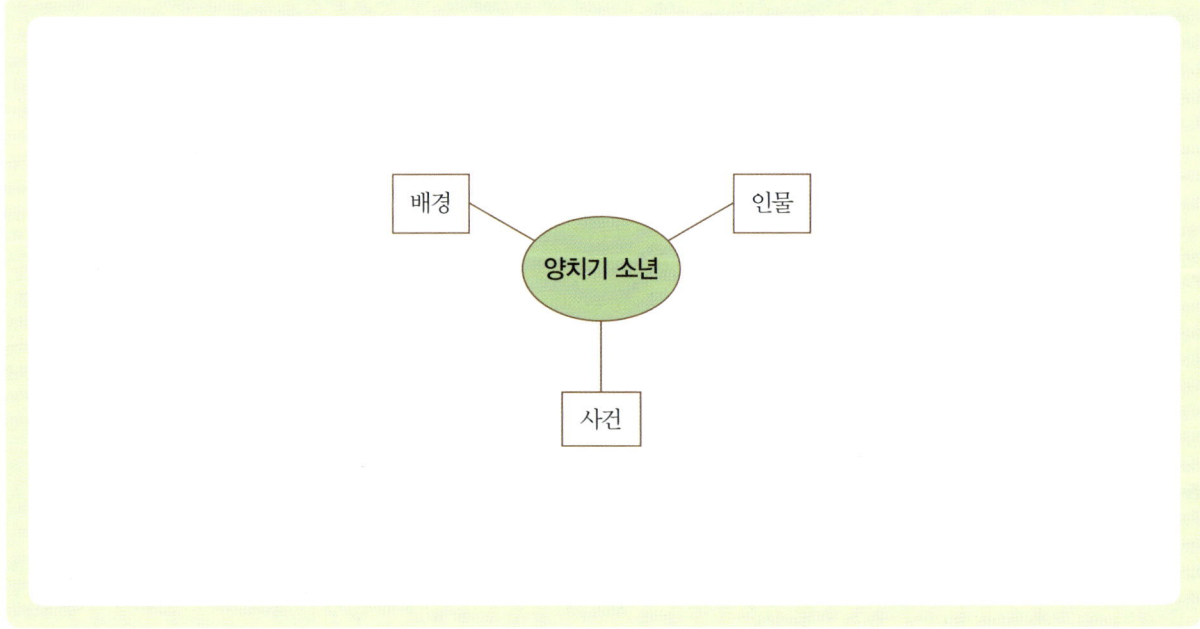

직접 써 보기

1 마인드맵으로 정리한 내용을 바탕으로 〈보기〉처럼 이야기를 바꾸어 써 보세요.

> **보기**
>
>   최신식 스마트폰이 판치던 시절, 양을 치는 소심한 소년이 한 명 살았어요. 소년은 양을 아끼고, 양이 편안하게 생활하는 데 열정을 바쳤지요. 주변 마을에 사는 사람들은 양고기나 양털로 된 따뜻한 옷, 양젖, 양가죽 등을 소년 덕분에 편리하게 얻을 수 있었답니다.
>
>   양치기 소년은 한 가지 걱정이 있었어요. 마을 주변의 깊은 산속에 늑대 무리가 자주 보였기 때문이에요. 늑대들은 호시탐탐 양을 보며 군침을 닦고 있었어요. 걱정이 된 소년은 스마트폰으로 '양을 보호해 주세요'라는 앱을 깔고 마을 사람들의 도움을 구했어요.
>
>   하지만 마을 사람들은 양치기 소년이 얼마나 열심히 사는지에 관심이 없었어요. 모두 자기 일을 하느라 바빴기 때문이죠. 양치기 소년이 늑대가 침입하면 꼭 좀 도와달라는 말도 그냥 듣는 둥 마는 둥 자기 일에만 신경 썼어요.
>
>   그러던 어느 날, 늑대 무리가 초원에서 풀을 뜯는 양을 실제로 공격했어요. 소심한 소년은 깜짝 놀라 앱을 통해 마을 사람들에게 도움을 요청했어요. 그러나 마을 사람들은 한 명도 올라오지 않았고, 양은 늑대에게 모두 잡아먹히고 말았답니다.
>
>   마을 사람들은 이제 양과 관련된 어떤 물건도 얻지 못하게 됐어요. 소년의 말에 귀 기울이지 않은 것을 땅을 치며 후회했지요. 하지만 소년은 막대한 보험금을 타서 부자가 되었어요. 소년은 늑대가 없는 아름다운 초원으로 가서 새로운 양들과 함께 행복한 삶을 살았답니다.

6단원

장르 및 목적에 따라 글쓰기 (2)

이것을 배워요!

설명하는 글을 쓰려면 기본적으로 자신이 알고 있는 내용을 쉽고 정확하게 간추리는 방법을 알아야 해요. '문단의 중심 문장을 찾아서 하나로 잇기, 전체와 부분의 관계, 원인과 결과, 순서에 따라 정리하기' 등 다양한 내용 간추리기(요약하기) 방법이 있어요. 이것은 마인드맵의 연장선이라고 할 수 있지요. 여기서는 다양한 간추리기 방법을 통해 줄거리 쓰기를 연습해 볼 거예요. 그러고 나서 '자신의 꿈'을 독자에게 구체적으로 설명하는 글을 써 봐요.

설득하는 글에서는 '설득하는 글을 쓰는 기본적인 방법'을 다시 한번 복습하고, 관심 있는 주제에 대한 자신의 생각을 남에게 제안하는 글을 써 보도록 해요.

01 설명하는 글 – ① 내용 간추리기

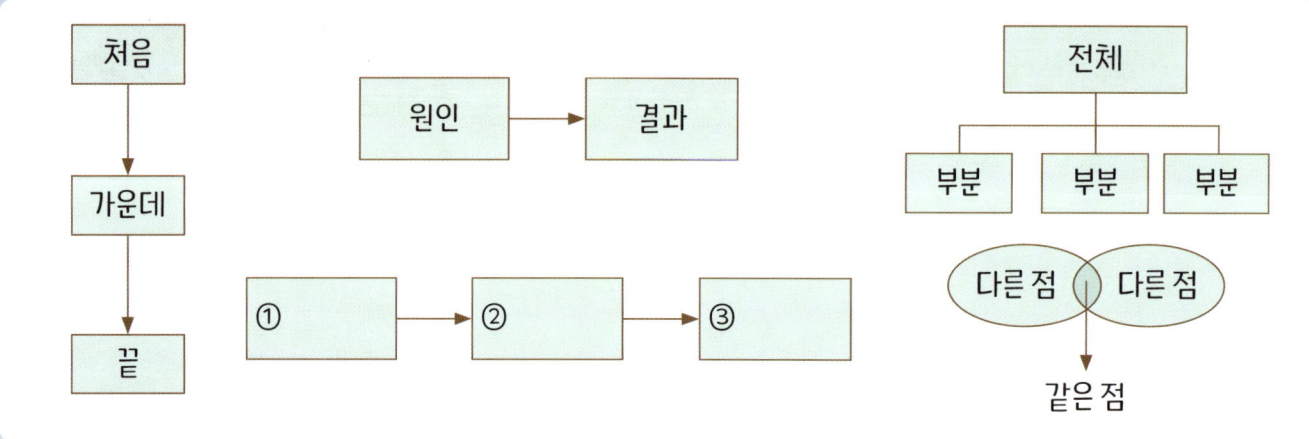

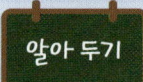 글을 쉽게 간추려서 설명하면 독자가 내용을 이해하는 데 도움을 줄 수 있어요(특히 요즘 유튜브에서 드라마나 영화의 내용을 간추려서 설명하는 영상이 많이 나오는데 이것도 내용 간추리기의 하나라고 할 수 있어요). 여기서는 요약하기 방법을 알고 다른 사람에게 내용을 쉽게 설명하는 글을 쓰는 연습을 해 봐요.

연습하기

1 다음 글을 읽고, '에버랜드 관람 요약'을 완성해 보세요.

> 에버랜드는 경기도 용인시에 위치한 대한민국 최대의 테마파크입니다. 1976년 '자연농원'으로 개장해서 1996년 지금의 '에버랜드'라는 이름을 사용하기 시작했습니다.
>
> 에버랜드에는 여러 가지 편의 시설이 갖추어져 있습니다. 각종 놀이기구가 위치한 '에버랜드', 워터파크 시설을 준비한 '캐리비안 베이', 문화 시설인 '호암미술관'과 '삼성교통박물관', 게다가 숙박 시설, 골프장까지 꾸려 놓고 있습니다. 현재는 1960년대 미국 로큰롤 문화를 기반으로 조성된 락스빌이나 이솝우화 테마를 기본으로 건설된 이솝 빌리지, 동물과 함께할 수 있는 로스트 밸리, 판다들이 살고 있는 판다월드까지 다양한 볼거리를 늘렸습니다.
>
> 에버랜드는 보통 10시에서 19시까지 운영하며, 금요일과 토요일만 한 시간 연장해서 20시까지 운영합니다. 요금은 날짜에 따라 달라지는 변동 요금제를 적용하고 있어서 날짜에 따라 그날 요금을 검색해서 확인해야 합니다. 정기권이나 편의 시설, 요금 할인 같은 유용한 정보는 홈페이지에 들어가면 쉽게 알 수 있으므로 참고하기 바랍니다.

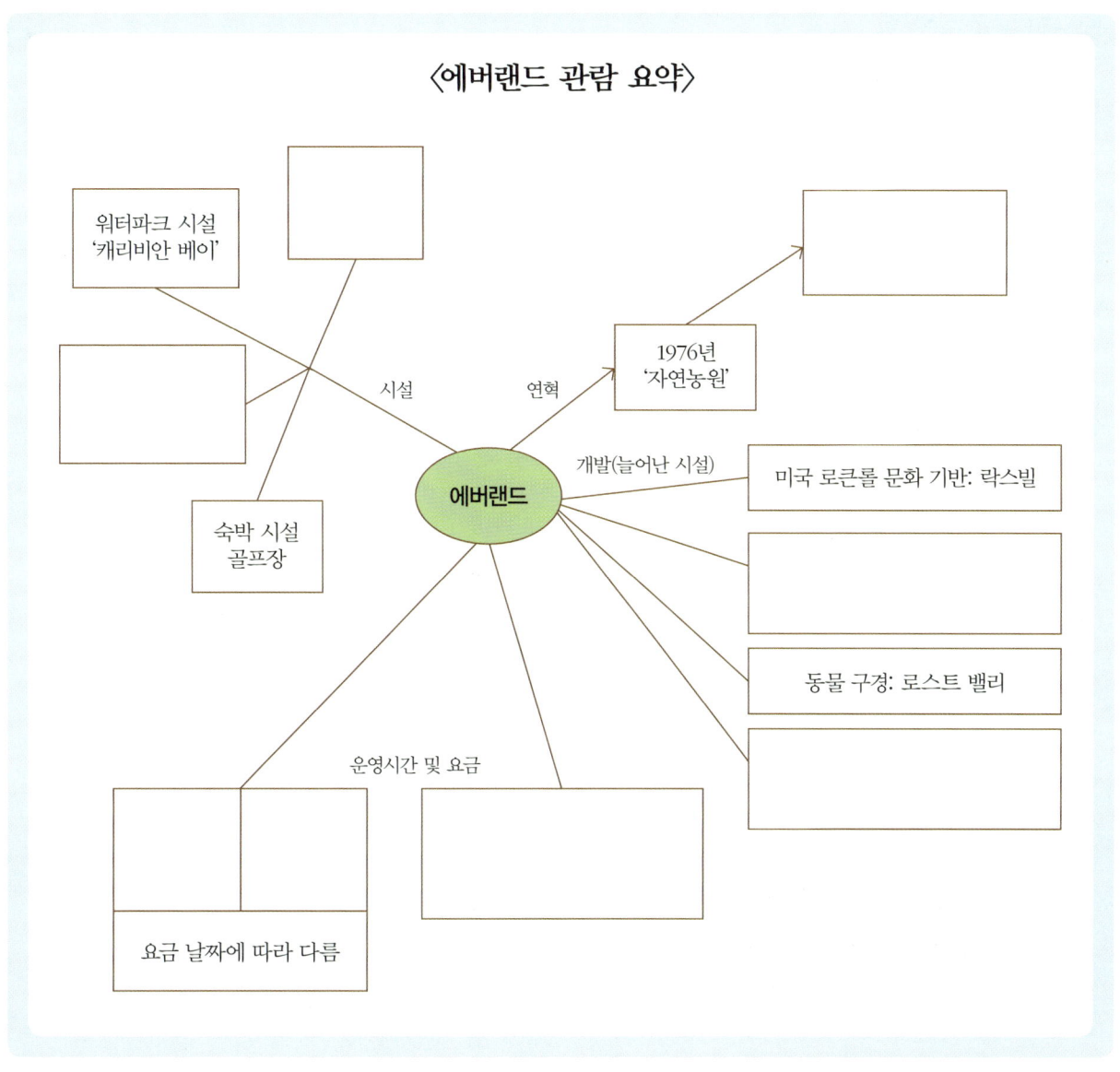

2 자료를 정리할 때 여러 가지 그림을 사용할 수 있습니다. 위의 그림보다 더 좋은 정리 방법은 없는지 생각해 보세요.

3 간추릴 때는 중요한 내용을 빠트리지 않아야 읽는 사람이 내용을 제대로 이해할 수 있습니다. 중요한 내용이 빠지지 않았는지 다시 한번 생각해 보세요.

직접 써 보기

1 여러 가지 글을 읽고, 각 표에 맞게 내용을 간추려 보세요.

❶ 〈중심 문장 찾아 간추리기〉

> 〈아바타: 물의 길(2022)〉은 전작 〈아바타(2009)〉로부터 13년 만의 후속작이다. 감독은 제임스 카메론이 맡았으며 주연 배우들이 거의 바뀌지 않고, 다시 만나 작업한 영화이다. 제작은 라이트스톰 엔터테인먼트가 맡았고, 20세기 스튜디오와 월트 디즈니 컴퍼니 코리아에서 배급했다.
>
> 2023년 3월 기준으로 흥행 수익이 22억 4천 4백만 달러를 넘겨서 〈아바타: 물의 길〉이 〈타이타닉〉을 누르고 전 세계 영화 박스오피스 3위에 자리하고 있다. 2022년 개봉한 외국 영화 중 흥행 1위를 차지하였으며, 우리나라에서는 개봉한 지 42일 만에 천만 관객을 돌파했다. 이러한 흥행은 코로나 시대에 이룩한 것이어서 더욱 의미가 깊다.

첫째 문단	〈아바타: 물의 길(2022)〉은 전작 〈아바타(2009)〉로부터 13년 만의 후속작이다.
둘째 문단	

❷ 〈시간의 흐름에 따라 내용 간추리기〉

> 여우는 배가 무척 고팠어요. 그때 향기로운 냄새가 여우의 코를 찔렀어요. 주렁주렁 먹음직스러운 포도가 잔뜩 달려 있는 포도밭이 여우의 눈에 보였지요. 여우는 포도가 먹고 싶었지만 포도는 튼튼한 울타리에 가로막혀 있었어요. 여우는 울타리가 뚫린 곳은 없는지 샅샅이 뒤지기 시작했어요. 한 곳을 발견했지만 여우가 들어가기에는 너무 좁았어요. 여우는 기다리는 자에게 복이 있다고 생각하면서 자신의 배가 쏙 들어가기만을 몇 날 며칠 기다렸어요. 배가 고파 죽을 것 같았지만 포도를 먹겠다는 생각으로 끝까지 버텼지요. 그렇게 여우는 포도밭에 들어가서 맛있는 포도를 잔뜩 먹었어요. 이렇게 맛난 포도를 어디서 먹을 수 있겠어요? 하지만 여우는 생각하지 못했어요. 배가 부른 여우가 포도밭에서 어떻게 다시 밖으로 나올 수 있을까요?

❸ 〈비교·대조 표로 간추리기〉

> 바둑과 장기는 두 명이 서로 한 번씩 돌을 두거나 말을 움직여서 승부를 겨루는 보드게임이다. 바둑은 바둑판에 있는 교차점에 돌을 두어 돌로 둘러싸인 빈 공간(집)을 상대방보다 더 많이 만드는 데 목적이 있다. 장기는 장기판에 이미 말이 놓여 있고, 그 장기 말을 움직여서 상대방의 왕을 잡는 것을 목적으로 한다. 이것은 서양의 체스나 중국의 샹치, 일본의 쇼기 등과 비슷한 게임이라고 볼 수 있다. 두 게임 모두 바둑돌이나 장기 말을 놓을 수 있는 경우의 수가 무한정하기 때문에 오랫동안 실력을 갈고 닦지 않으면 게임을 제대로 진행할 수 없다.

바둑의 특징	공통점	장기의 특징

❹ 〈전체와 부분으로 간추리기〉

> 컴퓨터란 '전자 회로를 이용한 고속의 자동 계산기'라고 정의할 수 있다. 컴퓨터의 구조는 하드웨어와 소프트웨어로 나눌 수 있다. 하드웨어는 보통 입출력 장치(키보드, 모니터 등), 연산 장치(CPU 등), 기억 장치(메모리), 제어 장치(메인 보드 등)로 나뉜다. 소프트웨어는 컴퓨터 내부에서 구동되는 프로그램을 의미하며 잘 알려진 것으로 윈도우나 iOS 등이 있다. 또, 인류가 만들어 낸 소프트웨어 중 가장 널리 사용되는 것은 '인터넷' 그 자체이다. 컴퓨터의 종류는 데스크톱 컴퓨터, 노트북, 태블릿PC, 스마트폰, 게임기 등 무척 다양하다.

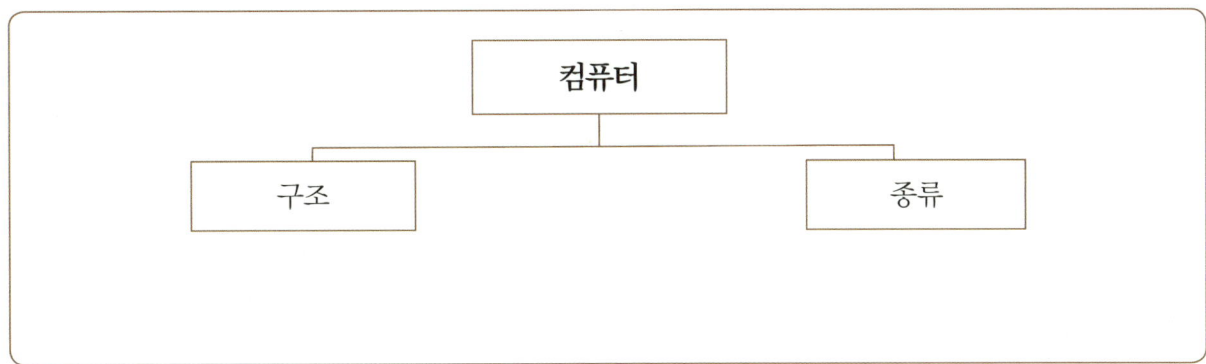

02 설명하는 글 – ② 이야기 줄거리 쓰기

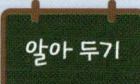 만화나 영화, 독서 감상문을 쓸 때에 중요한 것 중 하나는 자신이 본 영화나 읽은 책이 무슨 내용인지 그 줄거리를 간단하게 쓰는 것이에요. 여기서는 이야기의 내용을 간추리는 방법을 알고 줄거리를 실제로 써 보는 연습을 해 봐요.

연습하기 [1~3] 다음 글을 읽고, 물음에 답하세요.

말할 수 없는 색

"감았던 눈을 다시 떴다."

아침 일찍부터 비 내리는 소리가 들렸다. 처마 밑에 빗방울이 땅으로 툭툭 떨어지는 소리가 내 귓가를 간지럽힌다. 얼른 일어나서 먼저 창문을 열었다. 바람이 휙 불어 들어오며 분무기로 물을 뿌리듯, 빗물이 내 얼굴을 순식간에 적신다. 장난꾸러기 바람이 '기분이 어때?' 하고 반겨 준다.
하늘을 보니 뿌연 안개로 뒤덮여 있고, 주위는 고요하다. 창문 틈 너머로 보이는 앞마당에 자라고 있는 코스모스가 흩뿌리는 빗속에 서서 시원함을 만끽한다. 그때 자동차 지나가는 소리가 들리고, 그 소리에 놀란 느티나무 잎새가 부르르 떤다. 떨고 있는 느티나무 잎사귀를 빗물이 조용히 감싸 주자 포근한 기분에 휩싸인 이파리들이 다시 조용해졌다.
가을이 오긴 왔나 보다. 여름 동안 커다랗던 빗방울이 다시 조그마해지고 있다. 여름에 시끄럽게 떠들던 빗방울이 지쳤다.

"오빠, 얼른 일어나! 밥 먹고 학교 가자."
"아우웅. 기쁨아, 좀만 더 자자."

눈에 잔뜩 눈곱이 끼여서 정신을 못 차리는 오빠, 어제도 공부하다가 늦잠을 잔 모양이다. 나는 푹신한 이불에게 눈을 흘기며 한마디 건넸다. '오빠 일어나게 빨리 저리 안 비킬래?' 그러면 폭신한 이불이 미안하다고 사락사락 손바닥 비비는 소리를 낸다. 그렇게 해도 계속 눈을 흘기자 오빠가 내 모습을 보고, 흠칫 놀라서 얼른 자리에서 몸을 일으킨다.

"아휴, 기쁨아. 알았어. 오빠 일어났어."

이불을 개고, 마지막으로 이불 엉덩이를 '탁탁' 때리며 고마움을 표한 후, 나도 얼른 학교에 갈 준비를 한다.

화장실에 들어가 거울에 비친 얼굴을 가만히 살펴보니, 얼굴이 팅팅 부어서 진심으로 못생겼다. 이 얼굴 살을 어떻게 하지? '살들! 빨리 안 가라앉을래?' 하고 물으면 '내가 왜? 귀엽지 않아?'라며 큰소리를 뻥뻥 친다. 볼을 살짝 건들면 출렁, 출렁, 출렁. 얼굴에 있는 볼이 뱃살같이 출렁대는 모습에 부끄러움이 밀려온다. 가만히 볼을 꼬집어도 보고, 살살 어루만져 주기도 하지만 부은 얼굴에 변화는 없다. 그래도 어쩌겠어? 장난꾸러기라도 내 살들이야. 깨끗하게 씻자.

수도꼭지를 돌려 물을 시원하게 틀고, 손에 물을 가득 담아 얼굴을 박박 문지르며 닦았다. 뽀득뽀득 소리가 날 정도로 이쪽 저쪽 앞쪽 뒤쪽! 얼굴에 물 안 묻힌 곳 없이 깨끗하게 씻는다. 어젯밤부터 오늘 아침까지 쭉 밀려왔던 잠이 세수 한 방에 날아가 버렸다.

화장실에서 나와 옷도 입고 가방도 싸고, 모든 준비를 마친 후 식탁으로 향했다. 딴, 딴, 딴, 딴! 식탁에 등장하자마자 엄마는 기다렸다는 듯이 "짜잔" 하며 아침밥으로 오므라이스를 내어 준다.

"와아!"

밥을 덮고 있는 개나리같이 샛노란 옷과 함께 새빨갛게 뿌려진 케첩. 가만히 계란 옷을 들어 올리면 나오는 형형색색의 채소들. 내가 가장 좋아하는 장난꾸러기 오므라이스. '오므라이스야. 오늘 왜 이렇게 예쁘니?'라고 물으면 오므라이스가 새침데기처럼 '흥! 내가 예쁜데 보태 준 거 있어?'라며 콧방귀를 뀐다.

그래도 가만히 한 숟가락 떠서 먹으면 입안에서 담백한 기름 맛이 나를 황홀하게 만들어 준다. 먹기 전까지 장난기 가득한 오므라이스였지만 입안에서는 고소하고, 부드럽게 나를 감싸 줬다. 오므라이스는 성격도 급해서 나한테 '맛이 어때? 끝내주지?'라고 계속해서 묻는다. 나도 오므라이스한테 한 번 튕겨 줘야지. 좀 더 입안에 머금고 그 부드러움을 즐긴다. 오므라이스가 나한테 삐칠 때쯤 만족스러운 감탄사를 내뱉는다.

"우아! 엄마, 오늘은 특히 맛있는데?"
"그래?"

엄마의 행복한 마음이 느껴지며 따뜻한 기운이 식탁 안을 뒤덮는다. 오므라이스도 덩달아 '그렇지? 내가 맛없을 수가 없지!'라며 콧대를 높인다. 까부는데다가 이제는 잘난 척까지 하네? 한껏 건방을 떠는 오므라이스 계란 옷 안쪽을 심각하게 숟가락으로 간지럽힌다. 기름에 잘 버무려진 쌀알과 파프리카, 투명한 양파, 몽글몽글한 감자에 자그마한 소고기까지 꽃다발 같은 여러 가지 색의 향연이 펼쳐진다. '먹을 거야? 말 거야?' 각각의 재료도 한마디씩 하면서 장난꾸러기 오므라이스를 거든다. 한 입, 한 입 야속하게 줄어드는 오므라이스. 오므라이스와 작별 인사를 하며 다음에 만날 날을 기대한다.

오늘은 조금 빨리 나가는 게 좋겠다. 이렇게 부슬부슬 비가 내리는 날에는 학교 뒤편 화단에 달팽이와 지렁이가 놀러 나온다. 화단에서 키우는 코스모스와 국화 친구들도 가을비를 맞으며 분명히 나를 기다리고 있을 거다.

"기쁨아, 오늘은 비도 오니까 같이 학교에 가자."
"싫어. 엄마가 나랑 같이 가고 싶은 마음은 알지만 혼자 갈 거야."

가방을 후다닥 챙긴 후 걱정되는 눈빛을 보내는 엄마를 두고 얼른 집 밖으로 나왔다. 이제 5학년 열두 살, 나도 충분히 혼자 할 수 있는 나이다. 이른 시간에 밖에 나오니 모든 것이 여유롭다. 떨어지는 빗방울을 따라 천천히 걸으면서 나를 둘러싼 모든 것을 쭉 돌아봤다. 빗소리를 들으며 정신을 집중하는 것만큼 행복한 일은 없다는 생각에 젖어 들었다.

세상의 모든 것이 나에게 말을 걸었다. 매일 같은 길에서 보는 나무와 꽃은 친근한 듯 인사했고, 가끔 내리는 빗소리는 내 마음을 촉촉이 적셔 주었다. 나무 위에서 나를 놀라게 해 주려고 이파리에서 버티던 빗물이, 내가 지나가자 한꺼번에 우산 위로 떨어졌다. 후두두둑! 노란 우산에 부딪히는 빗방울들은 유난히 경쾌했다.

길을 걷다가 나뭇잎에 붙어 있는 물방울을 가만히 들여다보았다. 많은 물방울이 나뭇잎을 가득 채우고 있다. 평소의 나뭇잎보다 훨씬 싱그러운 느낌이다. 물방울을 가만히 들여다보자 온 세상 모두가 물방울 속에 들어 있는 것처럼 보인다. 더 가까이 다가가자 이번에는 까만 나의 눈동자가 비춘다.

마침 도착한 학교, 아직 운동장에 등교하는 아이들은 없었고, 고요한 상태 그대로였다. 학교 안으로 들어갈수록 그 고요함은 커진다. 화단으로 가는 길은 누구도 없이 나 혼자만의 길이다. 화단에 들어갈수록 많은 친구가 인사를 건넨다.

뜰 안쪽에 발을 들어 물에 젖은 흙을 밟으니 달팽이와 지렁이가 이미 나와 있다. 오랜만에 오는 비에 신나서 같이 놀려고 나온 것이다. 달팽이와 지렁이뿐만이 아니다. 함께 아름답게 피어 있는 코스모스 세 송이가 비 온다고 더 반갑게 맞아 준다. 그 옆의 국화꽃도 반가운 듯 짧은 꽃잎을 살랑거렸다. 나에게 계속 말을 걸고 있는 이 세계, 나만의 예쁜 세상을 나는 진심으로 사랑한다.

1 이야기에서 시간과 장소의 변화에 따라 일어난 사건을 정리해 보세요.

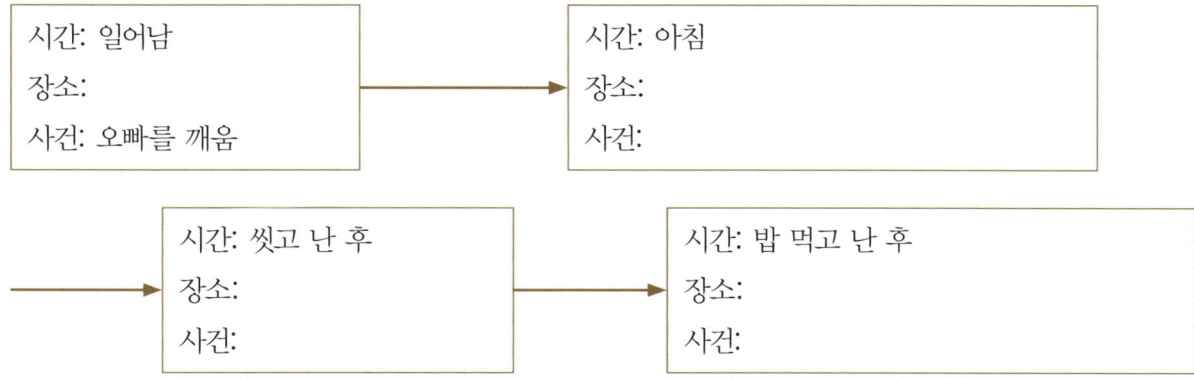

2 이야기를 읽고 기쁨이의 성격이 어떨지 자신의 생각을 써 보세요.

맑고 순수하다

3 위의 내용을 참고하여 〈말할 수 없는 색〉의 줄거리를 간단히 써 보세요.

기쁨이는 맑고 순수한 아이다. 이 이야기는 기쁨이의 아침 일상을 묘사하고 있다.

잠깐만!! 이야기의 주제와 관련된 사건을 적어 주면 쉽게 이야기를 간추릴 수 있어요.
기쁨이는 이야기 안에서 무슨 즐거움을 느끼나요?

03 설명하는 글 – ③ 자신의 미래 모습 상상하기(꿈 쓰기)

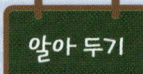
자신의 꿈, 그 꿈을 가진 이유, 꿈을 이루기 위해 노력해야 할 점 등을 다른 사람에게 자세히 설명해야 할 때가 있어요. 여기서는 장래희망을 쓰기 전에 '자신이 본받고 싶은 인물'이 다른 사람을 위해 무슨 일을 했는지 알아봐요. 그다음으로 자신이 미래에 어떻게 살지 생각하고, 그렇게 살기 위해 해야 할 일을 설명하는 연습을 해 봐요.

연습하기 [1~2] 다음 글을 읽고, 물음에 답하세요.

현재 여러 기업은 챗GPT(ChatGPT)와 같은 대화형 인공 지능 프로그램을 개발하고 있다. 챗GPT(ChatGPT)는 대화를 주고받을 수 있는 AI로서 앞으로 그 발달이 어디까지 가능할지 전 세계가 주목한다.

이러한 시대의 흐름이 있기 전에 이세돌은 구글의 바둑 인공 지능 프로그램 알파고와 대국을 벌인 적이 있다. 알파고와의 대국 전에는 이세돌이 알파고를 당연히 이길 거라는 분위기가 컸지만 4:1이라는 성적으로 알파고가 이세돌을 압도하자 AI에 대한 놀라움은 점점 더 커졌다. 하지만 알파고와 벌인 제4국에서 이세돌은 한순간 알파고가 예측하지 못한 수를 뒀고, 이 수를 통해 알파고를 무너뜨렸다. 이 경기로 이세돌은 인공 지능에도 약점이 있다는 것을 알려 주는 유명한 일화를 쓰게 됐다.

앞으로의 미래에는 챗GPT(ChatGPT)를 비롯하여 무수한 인공 지능 프로그램이 나오게 될 것이다. 하지만 이세돌이 그랬던 것처럼 우리는 인공 지능의 약점을 극복하고 인간이라는 존재를 더욱 믿어야 한다. 결국 챗GPT(ChatGPT)도, 알파고도 인간이 만든 프로그램이기 때문이다.

1 앞으로의 미래는 어떻게 변할지 위의 글을 읽고 상상해서 써 보세요.

- 인공 지능이 대부분의 생활에 도입될 것이다.
-
-

2 위의 글을 읽고, 이세돌에게 본받을 점은 무엇인지 써 보세요.

3 자신이 앞으로 무슨 일을 할 수 있을지 상상해서 개요를 작성해 보세요.

미래의 모습	• 인공 지능이 모든 생활에 도입된다. •
사람들이 겪을 수 있는 문제	• 인공 지능이 망가지면 사람들이 생활을 할 수 없는 지경에 이른다. •
내가 할 수 있는 일	• 인공 지능에서 벗어나 인간답게 생활하자는 운동을 벌일 것 같다. •
그로 인한 변화	• 도시를 떠나 한적한 시골에서 스스로 자급자족하는 사람이 늘어나게 될 것이다. •

4 위에 정리한 내용을 바탕으로 자신의 미래 모습을 상상하여 글로 써 보세요.

직접 써 보기

1 자신의 꿈은 무엇인지 자유롭게 생각해 보세요.

2 자신이 이루고 싶은 꿈 중 하나를 선택해서 〈보기〉처럼 마인드맵을 그려 주세요.

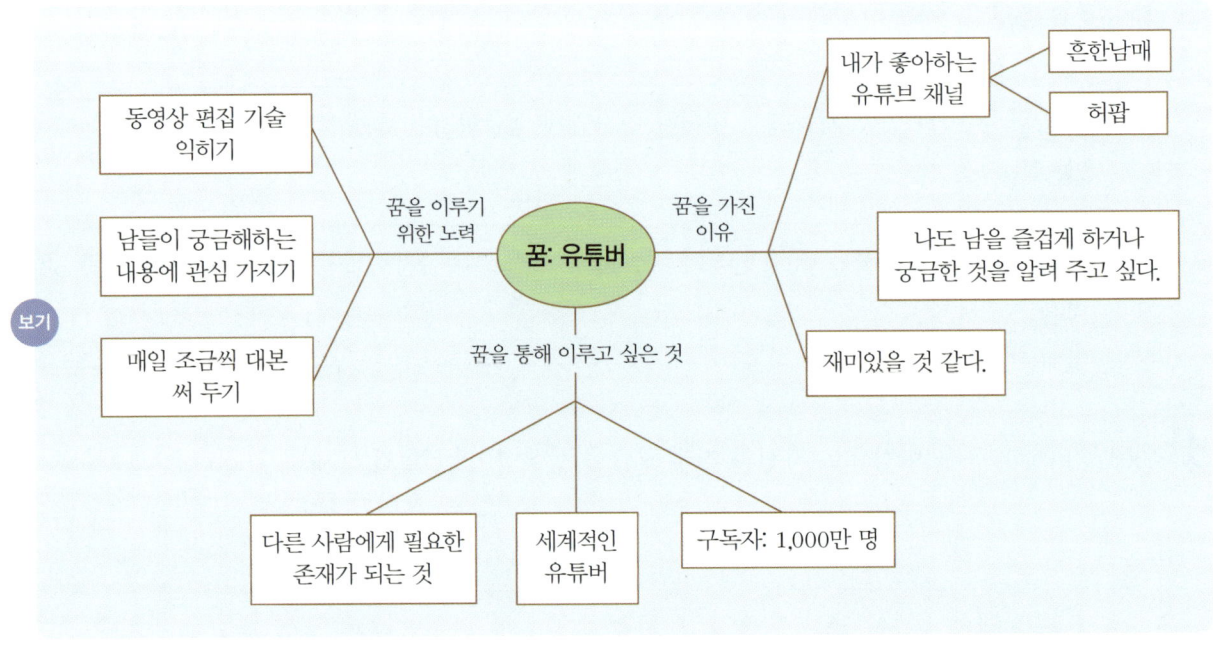

3 위에 정리한 내용을 토대로 〈보기〉처럼 자신의 꿈을 소개하는 글을 써 보세요.

> 보기
>
> 나의 꿈은 유튜버가 되는 것이다. 무슨 내용의 영상을 올릴지 확실하게 정한 것은 아니지만 내가 유튜버라는 꿈을 가진 이유는 분명하다. 내가 가장 좋아하는 시간은 허팝이나 흔한남매 같은 크리에이터가 만든 유튜브 영상을 볼 때이다. 이러한 영상을 보면서 남을 즐겁게 하고, 다른 사람이 알고 싶어 하는 내용을 영상으로 만드는 일에 흥미를 느꼈다.
>
> 아버지께서 항상 다른 사람에게 필요한 존재가 될 수 있도록 노력하라고 말씀하셨다. 세계적인 유튜버는 다른 사람이 원하는 일을 하기 때문에 사람들이 그만큼 그들을 좋아한다고 생각한다. 나도 그들처럼 구독자를 천만 명쯤 보유한 세계적인 유튜버가 돼서 사람들에게 필요한 영상을 찍고 싶다.
>
> 이러한 꿈을 이루기 위해서 혼자서도 영상을 만드는 편집 기술을 익혀야 할 것이다. 또, 평소에 남들이 궁금해하고 알고 싶은 내용이 무엇인지 충분히 조사해야 할 것이다. 그 질문에 대한 답도 미리 공부하지 않으면 결코 꿈을 이룰 수 없을 것이다. 영상은 그냥 찍기만 한다고 만들어지는 것이 아니다. 열심히 대본을 쓰고, 사람들이 좋아하는 카메라 사용법까지 익힌다면 꿈을 이루는 데 많은 도움이 될 것이다.

04 설득하는 글 - ① 회의 주제에 맞는 글 작성하기

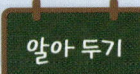
우리는 가정, 학교, 친구 모임, 학원 등등 여러 곳에서 회의를 진행해요. 회의할 때 생각나는 대로만 말한다면 낭패를 볼 확률이 크죠. 회의의 주제를 인식하고, 자신이 무엇을 주장할지 판단하고, 주장에 적절한 근거를 생각해야 해요. 자신의 주장이 모두의 이익을 위한 것인지 생각하고, 이기적인 주장은 되도록 피해야겠지요. 여기서는 회의의 주제에 따라 자신의 의견이 드러나는 글을 작성하는 방법을 알아봐요.

연습하기

1 다음 친구들의 주장과 근거를 보고, '회의 주제'로 알맞은 것을 써 보세요.

❶

서진	마지막 수업 시간에 책상을 뒤로 밀고, 모두가 함께 청소해야 합니다. 모두가 함께 청소하면 빨리 끝낼 수 있고, 사람 수가 많은 만큼 교실 구석구석 깨끗이 청소할 수 있을 것입니다.
은지	하루는 남자, 하루는 여자가 돌아가며 청소를 해야 합니다. 매일 모두가 같이 하는 것보다는 남자, 여자가 돌아가며 했을 때 힘도 덜 들고 효율적인 청소가 가능하기 때문입니다.
회의 주제	

❷

주혁	급식을 남기는 일이 많은데, 급식을 먹고 난 뒤 선생님께 검사를 받아야 합니다. 선생님께 검사를 받으면 아이들의 음식 낭비가 조금이라도 줄어들 수 있습니다.
은지	급식은 자율적으로 먹고 싶은 만큼만 받을 수 있도록 해야 합니다. 누구나 음식을 남길 수 있습니다. 자신이 먹고 싶은 음식만 받는다면 음식을 남기거나 버리는 일이 줄어들 것입니다.
회의 주제	

직접 써 보기

1 회의 주제를 보고, 이에 대한 '주장과 근거'를 써 보세요.

❶ | 회의 주제 | 올바른 스마트폰 사용 |

주장	
근거	

❷ | 회의 주제 | 아침 자습 시간에 할 일 |

주장	
근거	

❸ | 회의 주제 | PC방, 초등학생이 어떻게 사용해야 할까요? |

주장	
근거	

05 설득하는 글 - ② 글쓴이의 의견이 적절한지 평가하기

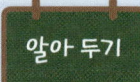 서로 다른 의견을 적절하게 판단하고 평가해야만 문제에 대한 좋은 해결 방안을 마련할 수 있어요. 여기서는 주제에 대한 다른 사람의 주장이 적절한지 판단하고, 자신의 의견이 드러나는 글을 쓰는 연습을 해 봐요.

연습하기

1 〈보기〉처럼 의견이 담긴 글을 읽고, 그것에 관한 자신의 생각을 써 보세요.

〈예은이의 의견〉
　도서관에서는 떠들지 않고 조용히 책을 읽어야 합니다. 반에서 실시한 '책을 읽을 때 가장 방해가 되는 행동은 무엇입니까?'라는 설문에서 가장 많이 나온 대답은 '친구들이 시끄럽게 떠드는 것'이었습니다. 책을 읽을 때 조용히 한다면 아이들이 책을 집중해서 읽을 수 있습니다.

〈예은이의 의견에 대한 생각〉
　예은이의 의견은 적절하지 않습니다. 왜냐하면 도서관에서 책을 조용히 읽어야 한다는 근거로 '반에서 실시한 설문조사'를 제시했는데, 반 아이들의 생각에 모든 사람이 동의하는 것은 아니기 때문입니다. 도서관에서 조용히 해야 하는 근거로 누구나 납득할 만한 이유를 들어야 합니다.

〈유찬이의 의견〉
　도서관은 어느 정도의 소리를 인정하는 자유로운 공간이 되어야 합니다. 최근 조용한 음악이나 사람들이 떠드는 작은 소리가 집중력을 높이는 데 도움을 준다는 연구 결과가 나왔습니다. 실제로 많은 독서실에서 '백색 소음 발생기'를 설치하기도 합니다. 조용히 해야 한다는 규칙이 오히려 사람의 집중력을 흐트러뜨릴 수 있다는 것입니다. 그러므로 어느 정도의 소리를 인정하는 자유로운 공간으로 도서관을 바꿔 나가야 합니다.

〈유찬이의 의견에 대한 생각〉

2 다른 사람의 의견이 적절한지 평가할 수 있는 근거를 바르게 말한 친구의 이름을 모두 써 보세요.

은지	의견이 주제와 관련이 있는지 생각해 봐야 해.
현승	의견을 뒷받침하는 내용이 믿을 만한 내용인지, 출처가 정확한지 조사해 봐야 해.
현석	주장하는 의견이 많은 사람에게 도움을 줄 수 있는 내용인지 알아봐야 해.
아빈	뒷받침 문장이 사실이라면 주장한 의견도 옳다고 생각하면 돼.

직접 써 보기

1 주제에 대한 친구들 의견의 적절성을 판단하고, 주제에 대한 자신의 의견을 〈보기〉처럼 써 보세요.

주제: 학교 폭력 예방

〈나현이의 의견〉
　학교 폭력을 예방하기 위해서 피해자 자신이 학교 폭력을 당하고 있다는 사실을 주변에 알려야 합니다. 일을 키우기 싫어서 그 사실을 숨긴다면 계속해서 폭력에 노출될 수 있고, 심한 경우 성인이 되어서까지 후유증이 남습니다. 부모님이나 선생님, 경찰이나 권익위원회에 적극적으로 신고를 한다면 학교 폭력에서 조금은 멀어질 수 있을 것입니다.

〈나현이의 의견에 대한 나의 생각〉
　나현이의 의견은 적절하지 않습니다. '예방'이라는 낱말은 '질병이나 재해 따위가 일어나기 전에 미리 대처하여 막는 일'을 뜻하는데 나현이는 학교 폭력이 일어난 후에 대처하는 방법을 알려 주고 있습니다. 학교 폭력을 예방하려면 평소 학교 폭력에 대한 교육을 아이들에게 철저히 시켜야 합니다.

〈주제에 대한 나의 생각〉
　학교 폭력을 예방하려면 학교에서 학생들에게 학교 폭력에 대한 교육을 해야 합니다. 학교 폭력의 의미, 가해자가 받을 수 있는 벌까지 아이들에게 상세히 알려 줍니다. 그리고 피해자가 될 가능성이 있는 아이에게 불편한 감정을 표현하는 법과 학교 폭력 발생 시 주변에 도움을 요청하는 방법 등 적극적인 해결책을 교육해야 할 것입니다.

❶ 주제 음식 골고루 먹기

〈지아의 의견〉

　급식에 나온 음식을 골고루 먹을 수 있도록 급식을 다 먹은 뒤, 선생님께 검사를 받아야 합니다. 예전에 저는 급식에 나온 김치를 먹지 않고 버리는 것이 일상이었습니다. 하지만 이번 연도 담임 선생님께서 김치를 다 먹지 않는 것을 보고, 그때부터 제가 김치를 먹을 수 있도록 많이 도와주셨습니다. 이제는 김치 먹는 것을 두려워하지 않고 잘 먹습니다. 저처럼 다른 아이들도 급식을 먹은 뒤 선생님께 검사를 받는다면 음식을 골고루 먹을 수 있을 것입니다.

〈지아의 의견에 대한 나의 생각〉

〈주제에 대한 나의 생각〉

❷ 주제 | 교통 안전

⟨아빈이의 의견⟩

등하교를 할 때 아이들이 교통 규칙을 잘 지키도록 안내해야 합니다. 도로교통안전공단에서 나온 자료를 보면 어린이 교통사고가 많이 발생하는 시각은 아이가 등하교를 할 때입니다. 이를 해결하기 위해 아이들에게 등하교를 할 때 더욱 조심하도록 교실에서 교통 규칙을 가르쳐야 합니다. 이러한 간단한 교육만으로도 어느 정도 어린이 교통사고 발생 건수가 줄어들 것이라고 생각합니다.

⟨아빈이의 의견에 대한 나의 생각⟩

⟨주제에 대한 나의 생각⟩

06 설득하는 글 – ③ 제안하는 글쓰기

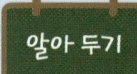 '제안'의 사전적 의미는 '안이나 의견으로 내놓음. 또는 그 안이나 의견'이에요. 제안하는 글이란 쉽게 말해 다른 사람에게 자신의 의견을 내놓는 글을 뜻해요. '문제 상황, 제안하는 내용, 제안하는 까닭'의 구조를 바탕으로 주변에서 불편하거나 바꾸면 좋겠다고 생각한 것을 다른 사람에게 표현하는 글이지요. 실제로 제안하는 글은 '주장하는 글'과 특별히 다르지 않아요. 여기에서는 주변 상황에서 바꾸고 싶은 문제를 다른 사람에게 제안하는 글을 써 봐요.

연습하기

1 다음 그림을 보고, 문제 상황과 해결책을 제안받는 사람을 〈보기〉처럼 써 보세요.

문제 상황	해결책을 제안받는 사람
〈보기〉 급식실에서 뛰어다니는 행동	학교 학생들
❶	
❷	
❸	

2 자신의 주변 상황이나 현실에서 제안하고 싶은 내용이 있는지 생각하고 〈보기〉와 같이 써 보세요.

보기		
	문제 상황	현재 코로나가 잠잠해지면서 마스크를 벗고 다니는 아이들이 많아졌다. 하지만 세균이나 미세먼지의 위험은 줄어들지 않았다.
	제안하는 내용	학교 안에서는 마스크를 쓰자. 되도록 마스크를 쓰는 것이 자신이나 남을 위해서 좋은 일이다.
	제안하는 까닭	미세먼지나 세균 감염의 위험은 평생 지고 가야 할 숙제이다. 마스크를 쓰고 다닌다면 그러한 위험에서 조금이라도 멀어질 수 있다.

문제 상황	
제안하는 내용	
제안하는 까닭	

06. 설득하는 글 - ③ 제안하는 글쓰기

직접 써 보기

1 주변 상황이나 현실에서 제안하고 싶은 내용을 〈보기〉처럼 자유롭게 생각해 보세요.

> 〈보기〉 음주운전, 쓰레기 분리수거, 화장실 예절, 도서관에서 정숙하기, 급식 메뉴 선정, 교실 예절 등

2 자유롭게 생각한 내용 중 한 가지를 선택해서 〈보기〉처럼 마인드맵으로 정리해 보세요.

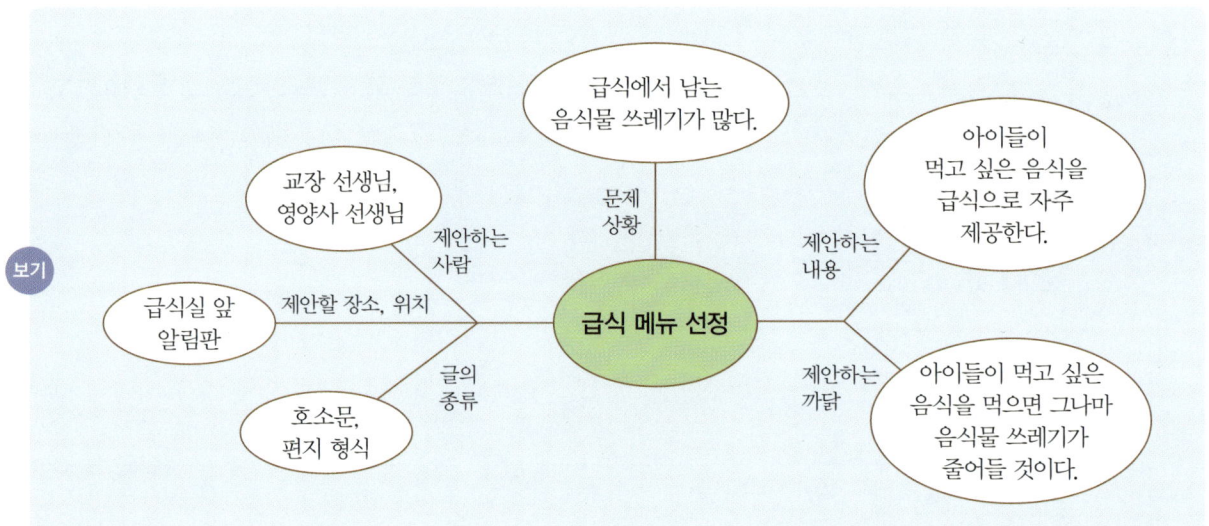

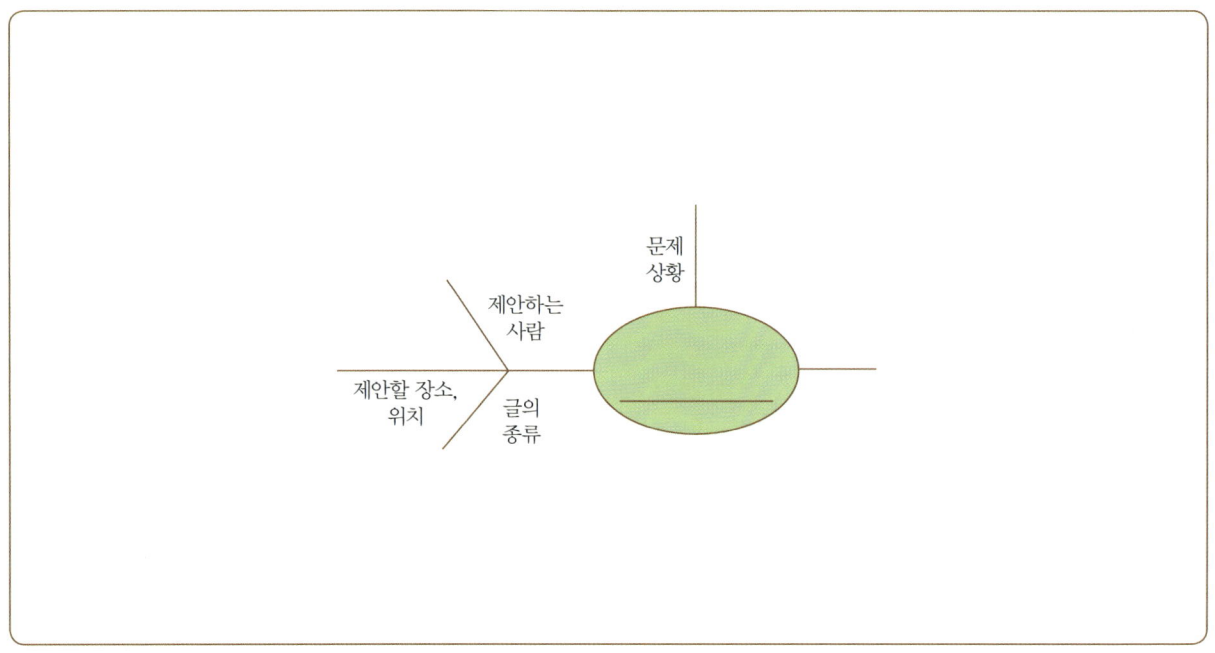

3 앞에 적은 내용을 토대로 〈보기〉처럼 제안하는 글을 써 보세요.

> **존경하는 교장 선생님과 영양사 선생님께**
>
> 안녕하십니까? 저는 4학년 3반 학생 고채희라고 합니다. 교장 선생님과 영양사 선생님께 부탁드리고 싶은 일이 있어서 이렇게 글을 남기게 되었습니다. 현재 급식을 먹은 후 많은 음식물 쓰레기가 발생하고 있습니다. 가장 큰 이유는 아이들이 먹기 싫은 음식은 거의 먹지 않고 그냥 버리기 때문이라고 생각합니다. 그래서 제가 제안드리고 싶은 내용은 금요일 하루만이라도 투표를 통해 아이들이 먹고 싶은 음식을 급식으로 제공하자는 것입니다. 그날은 **'급식 남기지 않는 날'**로 지정하여 운영하면 분명히 음식물 쓰레기가 줄어들 거라고 생각합니다. 큰 용기를 내어 제안하는 내용이니 한 번이라도 생각해 주시면 감사하겠습니다. 어려운 부탁을 드려 죄송합니다.
>
> "그리고 학우 여러분, 급식을 먹고 되도록 음식물 쓰레기를 남기지 맙시다! 아자!"
>
> 4학년 3반 학생 고채희 올림

잠깐만!! 글씨체의 모양, 굵기, 크기, 색을 바꾸면 글에 어떤 효과를 줄 수 있을까요?

잠깐만!! 위에 쓴 글처럼 글씨체의 모양, 굵기, 크기, 색을 바꾸어 글을 완성해 보세요.

7단원
여러 가지 글 익히기

이것을 배워요!

4단계에서는 글을 쓸 때 내용을 생성하고 조직하는 방법을 조금 더 구체적으로 배워요. 내용 생성이나 내용 조직은 말 그대로 글을 쓰기 전에 자유롭게 생각을 나타내는 과정이에요. 그러므로 마인드맵이나 개요 짜기는 자신이 쓰고 싶은 글에 따라 그 모양을 자유롭게 바꿀 수 있어요.

이 단원에서 자신이 쉽고 편하게 사용할 수 있는 내용 조직의 틀을 생각해 봐요. 특히 여러 가지 기준을 생각한 후에 개요를 작성하고, 다양한 형식의 독서 감상문을 쓰는 연습을 같이 해 보도록 해요.

교과 글쓰기 수학에서는 '여러 가지 사각형'의 개념과 특징을 정리해 보는 시간을 가져요. 사회에서는 '우리 지역에서 볼 수 있는 여러 가지 공공 기관'을 알아보고, 그 역할과 혜택을 글로 써 봐요.

01 생각 떠올리고 내용 정리하기 – 브레인스토밍

연습하기

1 '자동차'에 관한 글을 쓰기 위해 정리한 브레인스토밍입니다. 예은이와 선우가 각각 무슨 글을 쓸지 〈보기〉에서 골라 써 보세요.

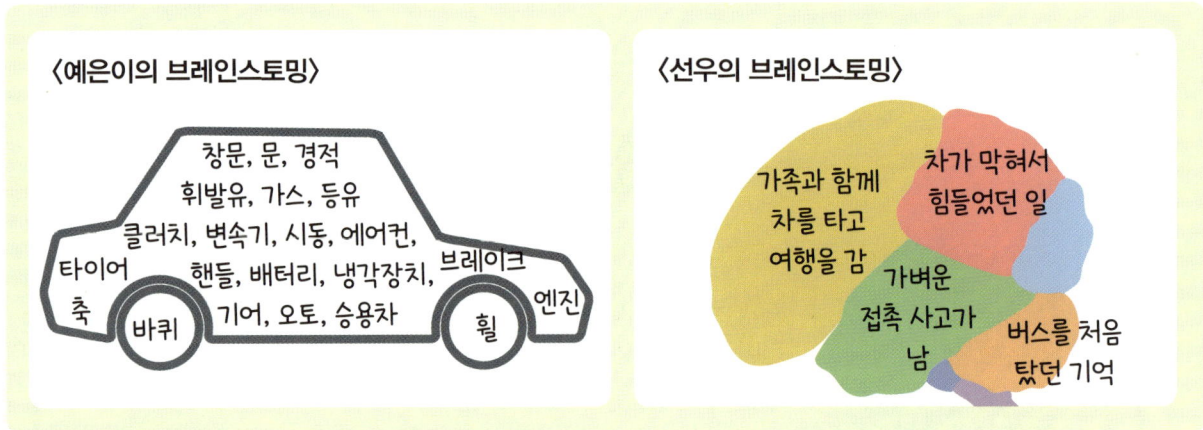

보기 | 자동차의 구조, 버스의 장단점, 자동차의 종류, 자동차와 관련된 추억, 자동차의 가격

예은	
선우	

2 '버스'와 관련된 생각을 자유롭게 브레인스토밍해 보세요.

3 호두에 관한 브레인스토밍을 보고, 수박씨에 관찰한 내용을 브레인스토밍해 보세요.

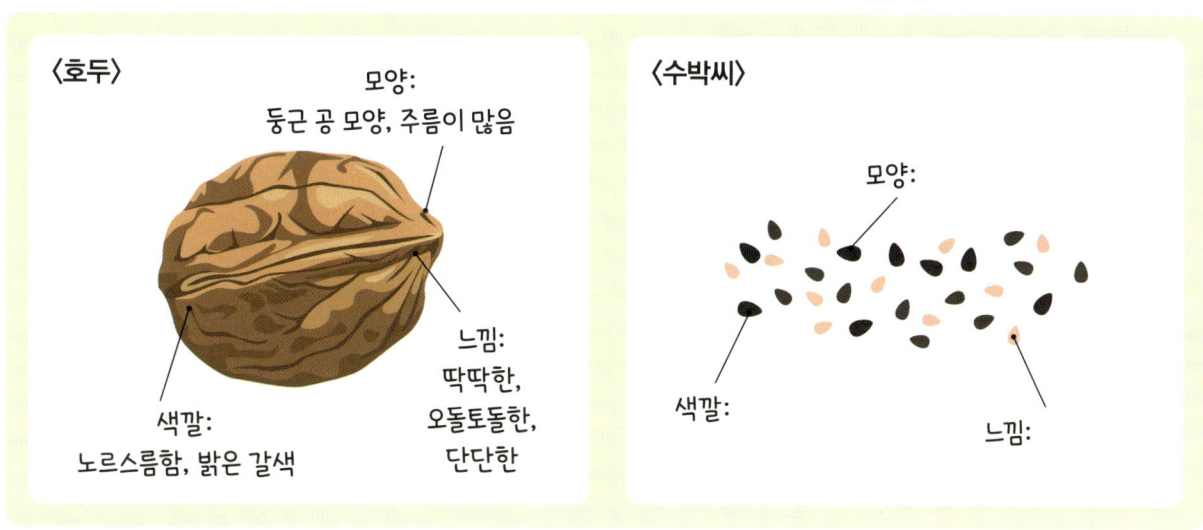

4 '씨앗이나 식물이 자라는 데 필요한 조건'에 관해서 글을 쓰려고 할 때, 아래 그림을 참고해 이미 알고 있는 내용이나 알고 싶은 내용을 브레인스토밍해 보세요.

잠깐만!! 씨앗이나 식물이 잘 자라려면 무엇이 필요할까요? 식물은 무엇을 얻어야 잘 자랄 수 있을까요? 위 그림에 생각나는 대로 적어 보세요.

02 마인드맵 그리기

알아 두기 여기서는 여러 가지 마인드맵(묘사하기, 비유하기, 비교·대조하기, 순서대로 쓰기, 전체와 부분으로 쓰기 등)을 활용하여 내용을 조직하는 방법을 알아봐요.

연습하기

1 다음 글을 읽고, '묘사하기'와 '비유하기'에 관련된 마인드맵의 빈칸에 알맞은 말을 넣어 주세요.

> 협동은 '우리의 힘'을 한층 더 높여 준다. 한 마리의 게는 갈매기를 막을 수 없지만 여러 마리의 게가 힘을 합쳐 집게발을 높이 뻗어 올리면 오히려 갈매기를 혼내 줄 수 있다. 한 마리의 개미는 개미핥기의 끈적끈적한 혀를 막을 수 없지만 수백만 마리의 개미는 개미핥기의 혀를 오히려 깜짝 놀라게 할 수 있다. 펭귄 한 마리는 자신을 위협하는 범고래를 막을 수 없지만 수십 마리의 펭귄은 펭귄 무리를 '범고래가 함부로 덤벼들 수 없는 큰 고래'처럼 보이게 할 수 있다. 혼자보다는 여러 사람이 서로를 배려해서 협동할 때, 어떤 어려움이든 이겨 낼 수 있는 힘이 생긴다.

❶ <묘사하기>

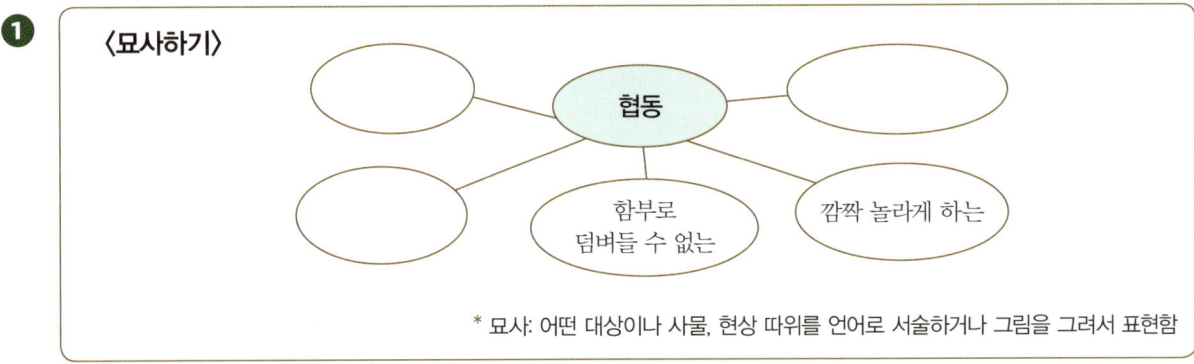

* 묘사: 어떤 대상이나 사물, 현상 따위를 언어로 서술하거나 그림을 그려서 표현함

❷ <비유하기>

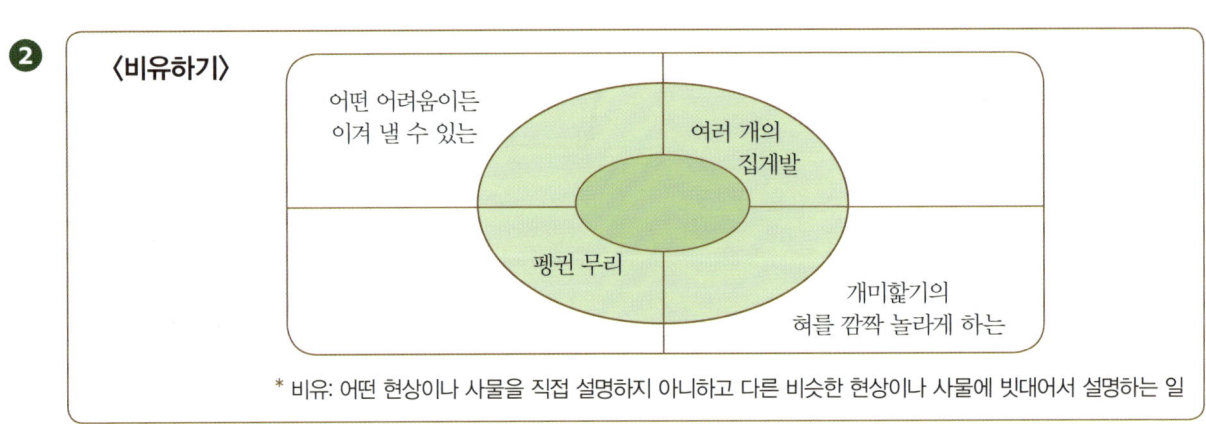

* 비유: 어떤 현상이나 사물을 직접 설명하지 아니하고 다른 비슷한 현상이나 사물에 빗대어서 설명하는 일

직접 써 보기

1 〈보기〉와 같이 마인드맵을 만들고, 이를 바탕으로 짧은 글을 써 보세요.

보기

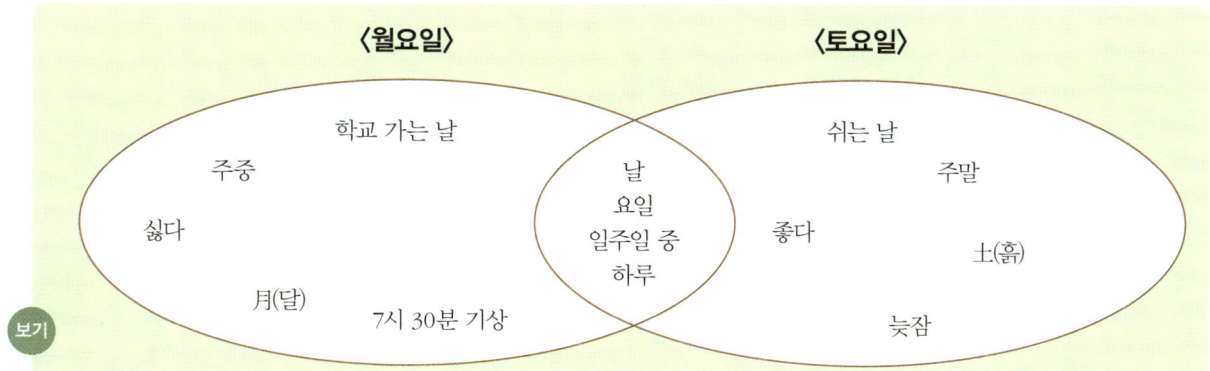

　일주일 중 월요일과 토요일은 어떤 공통점과 차이점을 가지고 있을까? 월요일과 토요일은 일주일 중 하루를 뜻하고, 둘 다 지구가 한 번 자전하는 시간, 즉 하루를 나타낸다. 하지만 월요일은 주중이고, 토요일은 주말이다. 또, 월요일은 달(月)과 관계가 있는 이름이고, 토요일은 흙(土)과 관련된 이름이라는 점이 다르다.

하나 더!
벤다이어그램도 마인드맵의 일종이에요.

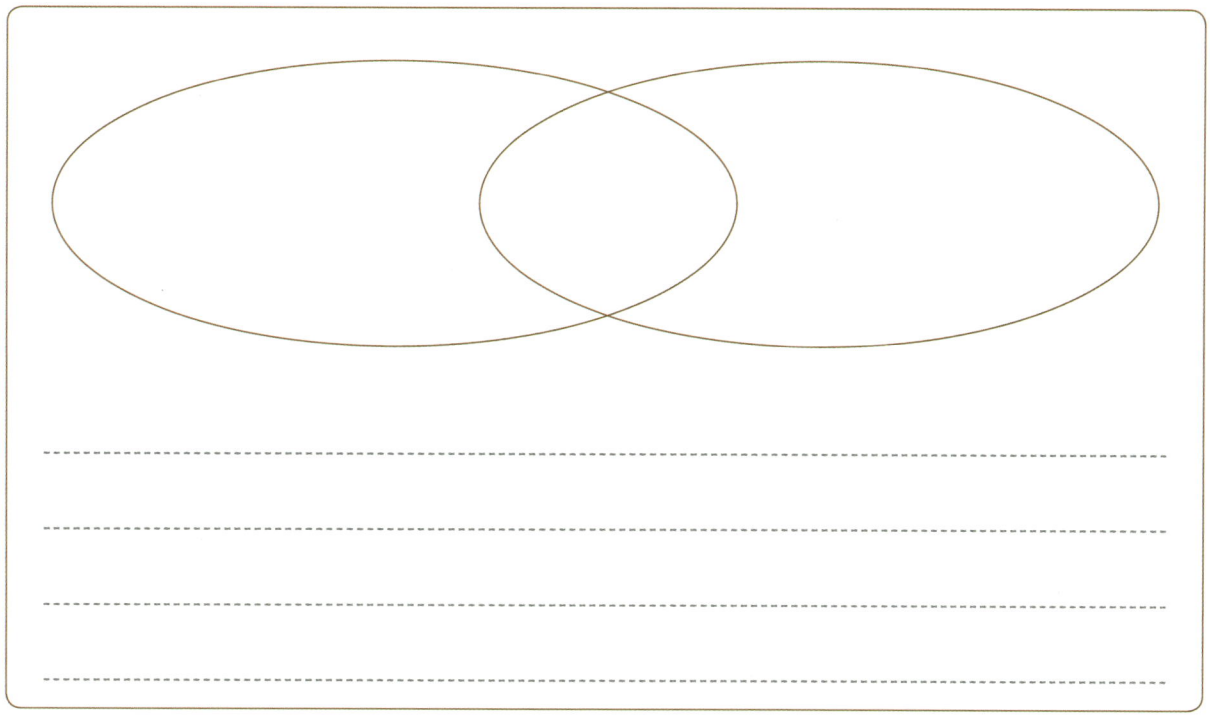

02. 마인드맵 그리기　149

2 〈보기〉와 같이 마인드맵을 만들고, 이를 바탕으로 짧은 글을 써 보세요.

보기

표를 보고 그래프의 가로와 세로에 무엇을 나타낼지 정하기 → 눈금 한 칸의 크기 정하기 → 표에 알맞게 막대 그리기 → 그래프에 알맞은 제목 붙이기

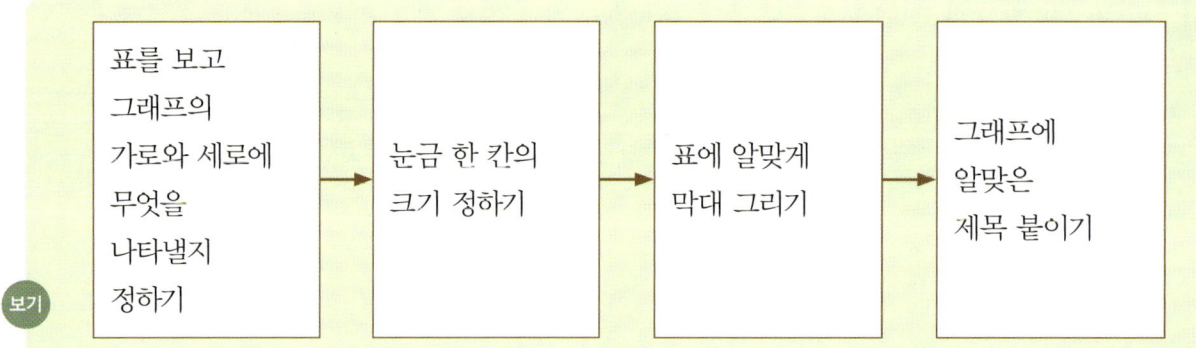

막대그래프를 그리는 순서에 대해 알아보자. 먼저 조사한 표를 보고, 그래프의 가로와 세로에 무엇을 나타낼지 정한다. 그런 후 눈금 한 칸의 크기를 어느 정도로 잡을지 기준을 정한다. 조사한 표에 나와 있는 수를 토대로 막대를 그린 후, 그래프에 알맞은 제목을 붙이면 막대그래프를 완성할 수 있다.

3 〈보기〉와 같이 마인드맵을 만들고, 이를 바탕으로 짧은 글을 써 보세요.

보기

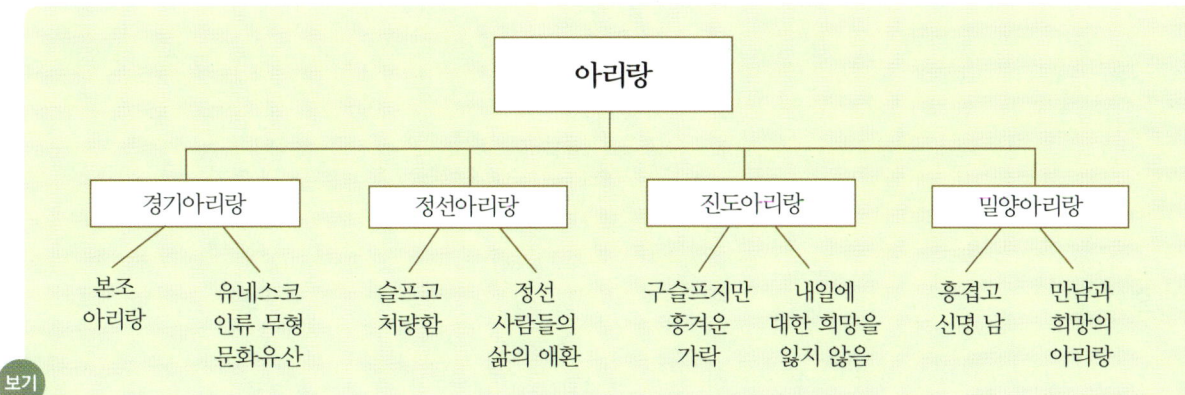

아리랑은 대표적으로 경기아리랑, 정선아리랑, 진도아리랑, 밀양아리랑 등이 있다. 경기아리랑은 우리가 보통 알고 있는 아리랑을 말하며 2012년 유네스코 인류 무형 문화유산에 등록되었다. 정선아리랑은 슬프고 처량한 아리랑으로 정선 사람들의 삶의 애환을 가사에 담고 있다. 진도아리랑은 구슬프지만 흥겨운 가락을 연주하고 있으며, 가사에 내일에 대한 희망을 잃지 말자는 내용을 담았다. 밀양아리랑은 흥겹고 신명 나는 노래로 '만남과 희망의 아리랑'으로 불린다.

03 개요 짜기 – 다양한 형식으로 독서 감상문 쓰기

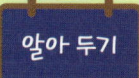 개요의 구조는 '처음–가운데–끝, 일어난 사건의 차례, 문제와 해결, 책 제목–읽은 동기–줄거리–인상 깊은 부분–생각이나 느낌' 등 수많은 방법으로 짤 수 있어요. 여기서는 구조를 달리하여 개요를 작성하고, 이를 바탕으로 다양한 형식의 독서 감상문을 쓰는 연습을 해 봐요.

연습하기

1 다음 편지를 읽고, 현석이가 글을 쓰기 전에 작성한 개요를 채워 보세요.

> **세상의 마지막 코뿔소 노든에게**
>
> 　노든, 안녕! 나는 사람초등학교에 다니는 이현석이라고 해. 〈긴긴밤〉을 읽고 너에게 편지를 써야겠다고 생각했어. 왜냐하면 친구의 부탁을 들어주기 위해 노력한 너에게 많은 감동을 받았기 때문이야.
> 　노든, 네가 어린 펭귄에게 자신과 다른 누군가를 존중하는 마음을 가르쳐 준 것 같아. 아직도 많은 편견을 갖고 있는 나에게 그 생각이 큰 울림을 줬어. 나도 너처럼 누군가에게 편안함을 주는 존재가 되고 싶어. 앞으로 누군가를 아끼고 사랑하는 마음을 가지고 대해서 그런 사람이 되도록 노력할게.
> 　노든, 네가 긴긴밤 악몽을 꾸지 않고 편안한 삶을 살면 좋겠어.
>
> 　　　　　　　　　　　　　　　　　　　　　　　　　　　　202○년 4월 3일
> 　　　　　　　　　　　　　　　　　　　　　　　　　　　　너의 친구 현석이가

받는 사람	
첫인사	
전하고 싶은 말	
끝인사	노든이 편안한 삶을 살면 좋겠다.
쓴 날짜	
쓴 사람	너의 친구 현석이

직접 써 보기

1 〈보기〉와 같이 개요를 짜고, 이를 바탕으로 짧은 '동시 독서 감상문'을 써 보세요.

보기

〈멸치 대왕의 꿈〉을 읽고

인상 깊은 장면	넓적 가자미의 모습이 재미있었고, 멸치 대왕의 화난 모습도 인상 깊었다.
생각이나 느낌	넓적 가자미의 꿈풀이를 동시로 표현하고 싶다.
표현하고 싶은 방법	넓적 가자미의 꿈풀이를 재미있는 표현을 사용해서 동시로 쓰고 싶다.

멸치잡이

오르락내리락
낚싯줄에 걸린 멸치 대왕

모락모락 숯불 연기에서
맛있는 향이 피어나네.

추웠다 더웠다
익어 가는 멸치 대왕

붉으락푸르락 점점 변해 가는
멸치 대왕의 조그마한 얼굴!

읽은 책: _____

인상 깊은 장면	
생각이나 느낌	
표현하고 싶은 방법	

제목: _____

2 〈보기〉와 같이 개요를 짜고, 이를 바탕으로 짧은 '일기 독서 감상문'을 써 보세요.

〈아낌없이 주는 나무〉를 읽고

인상 깊은 장면	끊임없이 자신을 희생하는 나무
관련된 경험	준비물을 가져오지 못한 나에게 싫은 내색 없이 자기 것을 빌려 준 짝꿍 서진이
경험에 대한 생각이나 느낌	서진이를 앞으로 더 배려해야겠다는 생각
책에서 얻은 교훈	나도 누군가에게 아낌없이 베푸는 존재가 되고 싶다.

보기

〈아낌없이 주는 나무〉에서 나무는 주인공에게 자신의 모든 것을 베푼다. 오늘은 내 짝꿍 서진이가 나에게 아낌없이 주는 나무가 돼 주었다. 준비물을 가져오지 못한 나에게 서진이는 싫은 내색 없이, 자기 것을 쓸 수 있도록 충분히 배려해 준 것이다. 그 일 이후로, 나도 서진이를 더 챙겨야겠다고 생각했다. '아낌없이 주는 나무'처럼 누군가에게 소중한 존재가 되려면 다른 사람에게 베푸는 사람이 되어야 한다는 교훈을 얻은 뜻깊은 하루였다.

읽은 책: _____

인상 깊은 장면	
관련된 경험	
경험에 대한 생각이나 느낌	
책에서 얻은 교훈	

3 ⟨보기⟩와 같이 개요를 짜고, 이를 바탕으로 짧은 '인터뷰 독서 감상문'을 써 보세요.

⟨어머니의 이슬털이⟩를 읽고

인터뷰 대상	어머니
하고 싶은 질문	어머니께서 아들을 신작로까지 데려다주신 이유
질문에 대한 예상 답	아들이 학교 가는 것의 소중함을 알았으면 좋겠다고 생각했다.
마치는 인사	어머니의 사랑을 느낄 수 있었다.

보기

나 　 안녕하세요? 오늘 어머니께 궁금한 점이 있어서 이 자리에 모셨습니다.
어머니 　 에휴, 당연한 일 한 걸로 인터뷰까지 허니까 좀 당황스럽네유.
나 　 아닙니다. 어머니께서 아들을 신작로까지 데려다주신 이유는 뭘까요?
어머니 　 아니, 학교 가기 싫다고 한께. 학교 가는 게 얼마나 중요한지 아들이 모르니께 알게 하고 싶었슈. 또, 아들헌테 오랜만에 산 신발을 깨끗이 신기고 싶었구먼유.
나 　 아, 그렇군요. 그 일로 아들에 대한 어머니의 사랑을 알 수 있었습니다. 정말 감사합니다.

읽은 책: _____

인터뷰 대상	
하고 싶은 질문	
질문에 대한 예상 답	
마치는 인사	

4 〈보기〉와 같이 개요를 짜고, 이를 바탕으로 짧은 '만화 독서 감상문'을 완성해 보세요.

〈삼국지〉를 읽고

인상 깊은 장면	관우가 화타에게 팔 치료를 받으면서 바둑을 두는 장면
만화로 표현하고 싶은 장면	화타가 관우 팔의 독을 깎는 장면. 관우의 표정은 흐트러짐이 없다.
이 장면에 대한 생각이나 느낌	관우의 용기와 화타의 의술, 모두 나에게 놀라움을 안겨 주었다.

읽은 책:

인상 깊은 장면	
만화로 표현하고 싶은 장면	
이 장면에 대한 생각이나 느낌	

5 〈보기〉와 같이 개요를 짜고, 이를 바탕으로 짧은 '상장 독서 감상문'을 써 보세요.

> 〈이상한 과자 가게 전천당〉을 읽고
>
> | 상장의 제목 | 행운 혹은 불행상 |
> |---|---|
> | 상장을 주고 싶은 사람 | 전천당 주인 베니코 |
> | 상장을 주고 싶은 까닭 | 다른 사람에게 과자를 주어서 교훈을 얻을 수 있도록 함 |
> | 상장을 주는 사람 | 이사장 손지웅 |
>
> 행운 혹은 불행상
>
> 전천당 주인 베니코
>
> 위 사람은 고민을 가진 누군가에게 맛있는 과자를 주어서 그 고민을 해결할 수 있게 도와주었습니다. 하지만 과자를 먹은 사람이 반드시 행복해지는 것은 아닙니다. 행복이 될지 불행이 될지는 그 과자를 먹은 사람에게 달려 있습니다. 맛있는 과자를 주어서 누군가에게 인생의 교훈을 준 베니코를 칭찬하며 이 상을 수여합니다.
>
> 이 책의 열렬한 독자 이사장 손지웅!

〈보기〉

읽은 책:

상장의 제목	
상장을 주고 싶은 사람	
상장을 주고 싶은 까닭	
상장을 주는 사람	

04 교과서 글쓰기 - ① 여러 가지 사각형(수학)

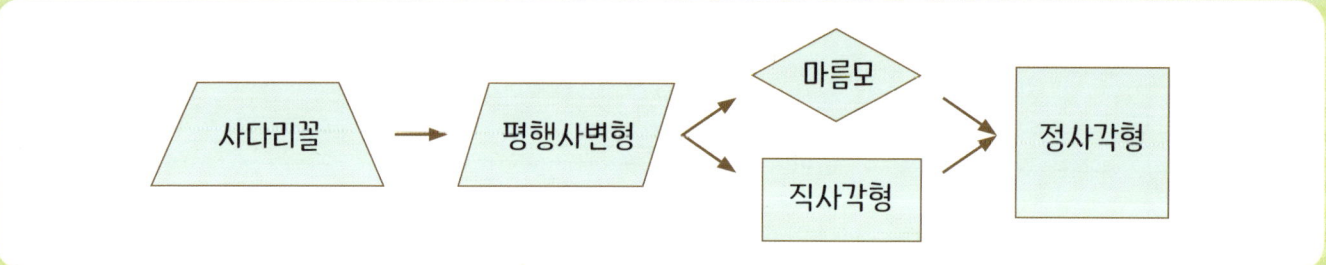

알아 두기 네 개의 선으로 둘러싸인 평면도형을 우리는 '사각형'이라고 불러요. 사각형을 특징에 따라 분류하면 사다리꼴, 평행사변형, 마름모, 직사각형, 정사각형으로 나눌 수 있어요.

사다리꼴	한 쌍의 변이 서로 평행한 사각형	평행사변형	두 쌍의 변이 서로 평행한 사각형
마름모	네 변의 길이가 모두 같은 사각형	직사각형	네 각이 모두 직각인 사각형
정사각형	네 변의 길이와 네 각의 크기가 모두 같은 사각형		

연습하기

1 다음과 같이 직사각형 모양의 종이 띠를 잘랐을 때 나온 사다리꼴은 모두 몇 개일까요? 그렇게 생각한 이유는 무엇인지 빈칸에 알맞은 말을 써 보세요.

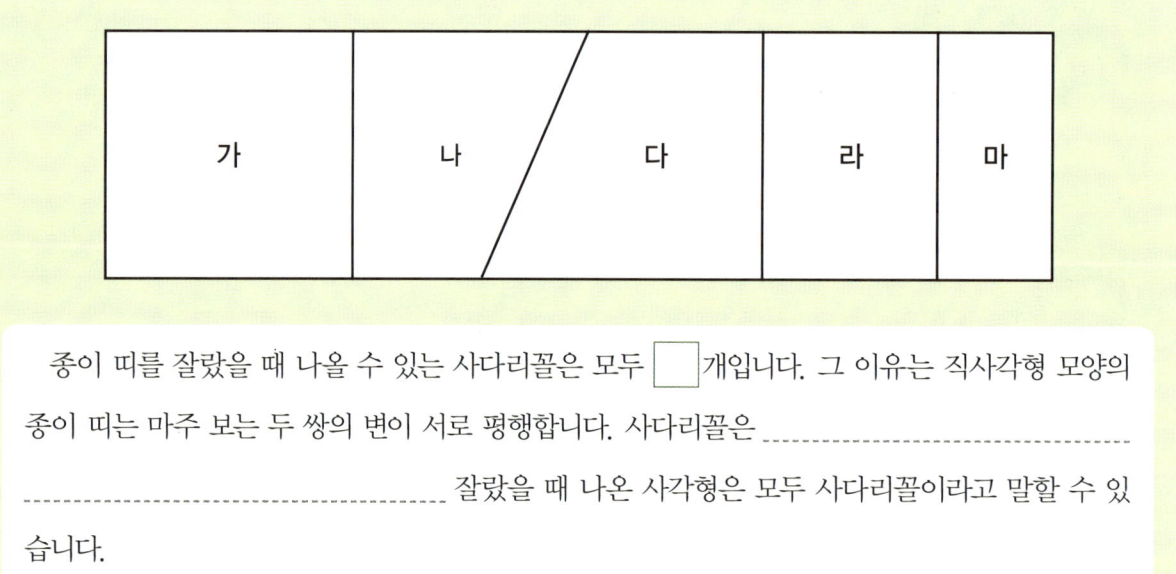

종이 띠를 잘랐을 때 나올 수 있는 사다리꼴은 모두 ☐개입니다. 그 이유는 직사각형 모양의 종이 띠는 마주 보는 두 쌍의 변이 서로 평행합니다. 사다리꼴은 _____ 잘랐을 때 나온 사각형은 모두 사다리꼴이라고 말할 수 있습니다.

2 다음 도형의 이름이 될 수 있는 것을 보기에서 모두 고르고, 빈칸에 알맞은 말을 넣어 글을 완성해 보세요.

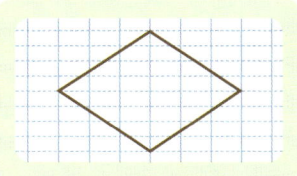

| 보기 | 사각형, 사다리꼴, 평행사변형, 마름모, 직사각형, 정사각형 |

이 도형은 ❶ _____
라고 부를 수 있습니다. 이 도형은 ❷ _____
_____ 이기 때문입니다. 하지만 네 각의 크기가 같지 않으므로 직사각형이나 정사각형이라고 부를 수는 없습니다.

3 정사각형의 특징을 마인드맵에 정리하고, 아래 그림에 제시된 각 ㉠이 왜 90도인지 빈칸에 써서 글을 완성해 보세요.

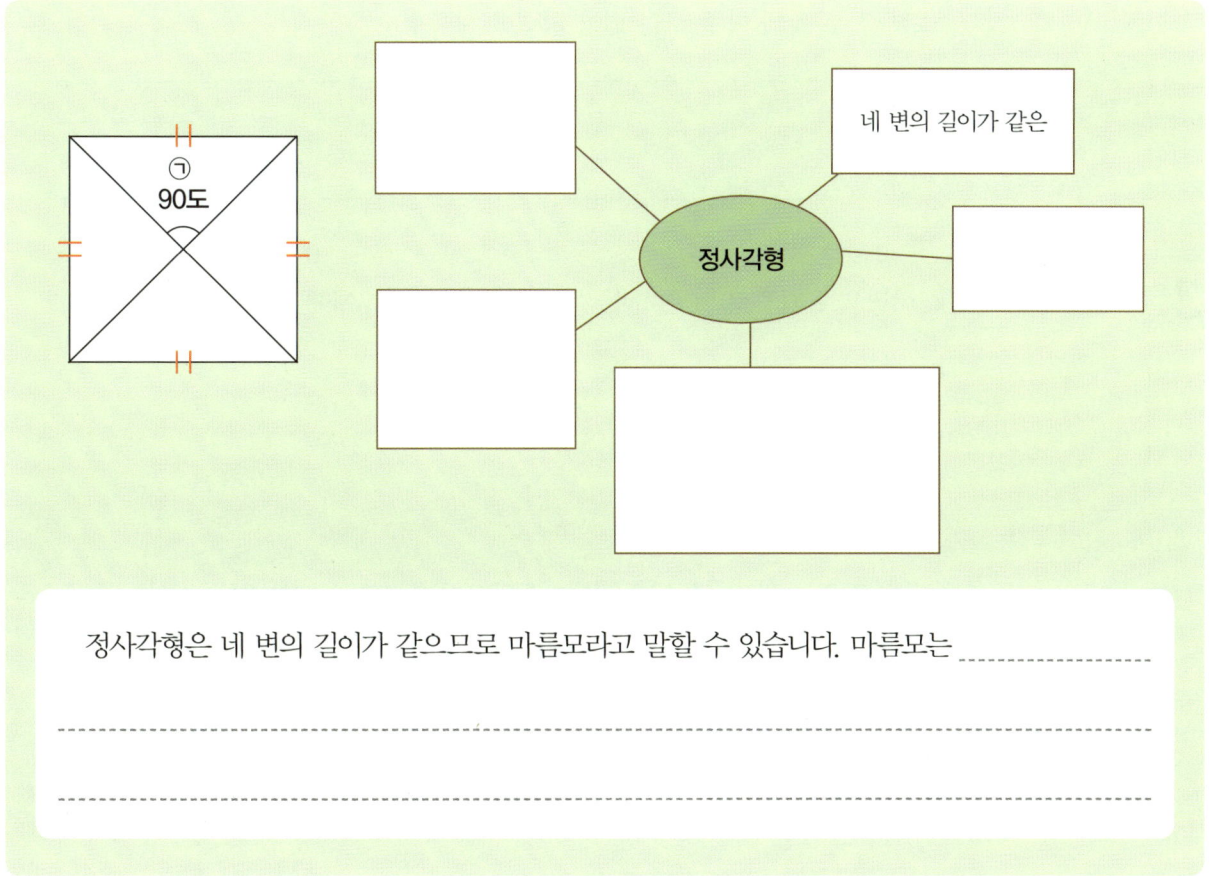

정사각형은 네 변의 길이가 같으므로 마름모라고 말할 수 있습니다. 마름모는 _____
_____
_____

직접 써 보기 〈사각형, 사다리꼴, 평행사변형의 관계 이해하기〉

1 사각형에 대해서 떠오르는 생각을 자유롭게 브레인스토밍해 보세요.

> 네 변, 네 각, 다각형, 사다리꼴

2 사각형, 사다리꼴, 평행사변형의 관계를 설명한 글을 쓰려고 해요. 다음 개요를 완성해 보세요.

	네 변과 네 각을 가진 다각형
사다리꼴의 특징	
	두 쌍의 마주 보는 변이 평행한 사각형
각각의 관계	

3 위에 정리한 내용을 바탕으로 사각형과 사다리꼴, 평행사변형의 관계에 관한 글을 써 보세요.

〈직사각형, 마름모, 정사각형의 관계 이해하기〉

1 앞에 브레인스토밍한 사각형의 특징을 바탕으로 아래 마인드맵에 직사각형과 마름모의 특징을 정리해 보세요.

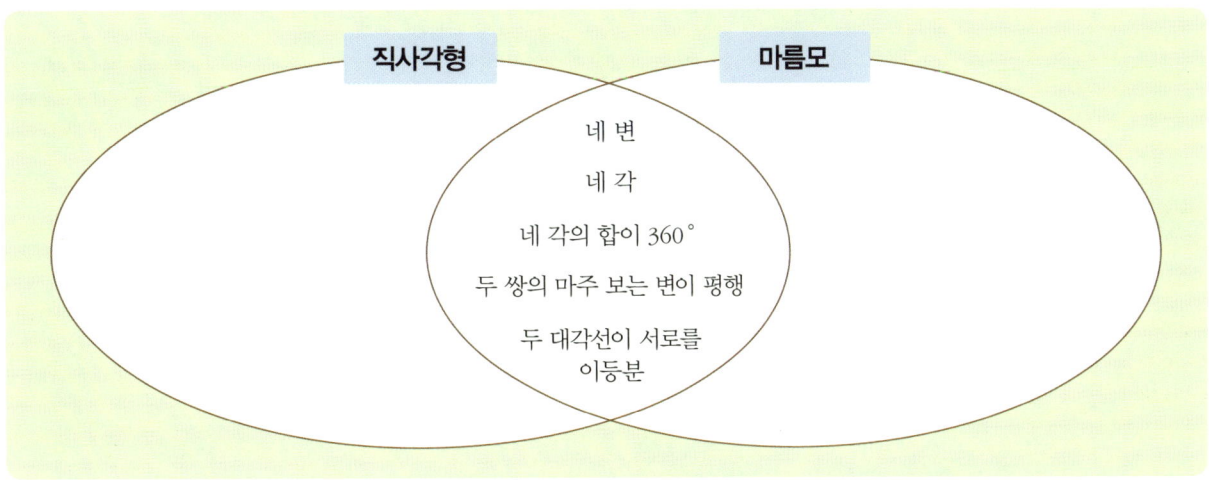

2 위에 정리한 내용을 바탕으로 직사각형과 마름모, 정사각형의 관계를 〈보기〉처럼 글로 표현해 보세요.

정사각형은 직사각형이나 마름모라고 말할 수 있습니다. 직사각형은 네 각의 크기가 같지만 네 변의 길이는 같지 않습니다. 마름모는 네 변의 길이는 같지만 네 각의 크기가 다릅니다. 정사각형은 네 각의 크기와 네 변의 길이가 같은 사각형입니다. 그러므로 정사각형은 직사각형이나 마름모라고 부를 수 있습니다.

직사각형이나 마름모는 정사각형이라고 할 수 없습니다.

05 교과서 글쓰기 - ② 공공 기관(사회)

알아 두기 공공 기관이란 주민 전체의 이익을 위해 국가나 지방 자치 단체가 세우거나 관리하는 곳을 말해요. 공공 기관은 개인의 이익을 위한 곳이 아니라 주민들의 편의를 위한 일을 하지요. 공공 기관이 없으면 주민들이 직접 해결하기 어려운 문제를 개인이 스스로 해결해야 하는 어려움이 생길 거예요. 여기서는 교과서에 제시된 여러 가지 용어를 사용해서 공공 기관에 대한 글을 써 봐요.

연습하기 [1~2] 다음 그림을 보고, 물음에 답하세요.

1 여러 가지 장소를 기준에 따라 분류했어요. 분류 기준이 무엇일지 빈칸에 알맞은 말을 써 보세요.

도서관, 경찰서, 소방서, 초등학교, 우체국	슈퍼마켓, 백화점, 병원, 약국

2 다음 '공공 기관'에 관한 글의 빈칸에 알맞은 말을 넣어 완성해 보세요.

> 공공 기관은 _____
> 국가나 지방 자치 단체에서 세우거나 관리하는 곳을 말해요. 공공 기관은 많은 사람이 이용할 수 있도록 _____ 위치해요.

[3~4] 다음 개요표를 보고, 물음에 답하세요.

3 다음 개요표의 빈칸에 알맞은 말을 넣어 보세요.

공공 기관 종류	역할
❶ 경찰서	• _____ • 교통 질서 유지를 위해 힘쓴다.
❷ 보건소	• 주민에게 독감 예방 주사를 접종한다. • _____
❸	• 화재가 발생했을 때 출동하여 불을 끈다. • _____
❹ 도서관	• 자신이 읽고 싶은 책을 빌릴 수 있게 도와준다. • _____
❺	• 여권을 발급해 준다. • _____
❻ 우체국	• _____ • _____

4 위의 공공 기관 중 한 군데를 선택하여, 그 역할을 〈보기〉처럼 글로 써 보세요.

> 〈보기〉 경찰서는 국민의 안전과 재산을 보호하기 위해 설치된 공공 기관입니다. 경찰서는 국민의 생명, 신체, 재산을 보호하는 일을 합니다. 경찰서는 범죄 예방을 우선으로 하고, 그럼에도 범죄가 발생하면 수사를 통해 범죄자를 체포합니다.

직접 써 보기

1 '공공 기관' 하면 생각나는 낱말을 〈보기〉처럼 자유롭게 떠올려 보세요.

> 보기 주민, 국민, 편의, 도움, 불친절, 친절, 119, 112, 경찰서, 소방서, 시청

2 공공 기관의 종류에 따라 자신이 받았던 도움을 마인드맵에 정리해 보세요.

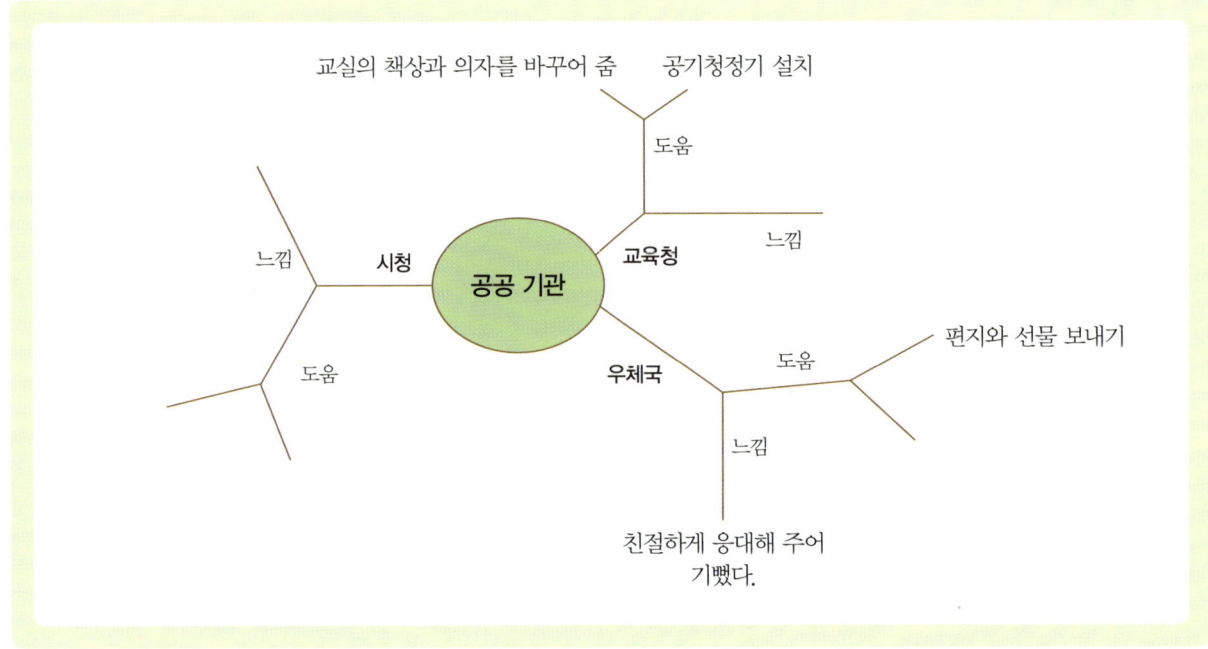

3 공공 기관에서 도움을 받을 때의 기분은 어땠나요? 공공 기관을 이용하며 든 생각이나 느낌을 간단히 써 보세요.

4 앞에 정리한 내용을 바탕으로 '공공 기관이 우리에게 주는 도움'에 대한 글을 〈보기〉처럼 써 보세요.

> 보기
>
> **정우** 안녕하세요? 지난번에 편지를 보낼 때 도움을 주셔서 이렇게 인터뷰하게 되었습니다.
>
> **우체국** 저희로서는 당연히 해야 할 일을 한 것뿐인데 인터뷰까지 하니까 쑥스럽네요.
>
> **정우** 전학 간 친구에게 편지와 선물을 보내는데 직원 분께서 끝까지 친절하게 응대해 주셨어요. 정말 감사했습니다.
>
> **우체국** 네, 그러셨군요. 편지를 보내는 일이 누구에게나 간단한 일은 아니죠. 그것을 돕는 것이 저희 업무라고 생각합니다.
>
> **정우** 혹시 '편지나 소포 보내기 안내 교육'을 초등학교에 오셔서 직접 해 주실 수 없을까요?
>
> **우체국** 가능합니다. 다음 학기에 예산 편성을 통해 학교에 나갈 수 있도록 하겠습니다.
>
> **정우** 그런 일도 가능하군요. 다른 질문으로 우체국에서 힘든 일은 없나요?
>
> **우체국** 우체국에서 택배 업무를 맡고 있는데 늘어나는 물량으로 직원들이 고생하고 있습니다. 택배 물량 조정과 우체국 인력 충원이 필요합니다.
>
> **정우** 공공 기관도 여러 가지 문제를 갖고 있군요. 잘 해결되면 좋겠습니다.

답안 가이드

* 여기 제공되는 답은 예시 답안입니다. 자기 생각을 담아 직접 써 보는 문제의 경우는 다양한 답이 나올 수 있습니다.

1단원 재미있게 쓰기

01 여러 가지 낱말로 재미있는 문장 만들기 ①
...... pp. 12~13

연습하기

1 ❶ (개울 개천) 바다
   ❷ 달리다 (가꾸다 보살피다)
   ❸ (빨갛다 퍼렇다 붉다)
   ❹ 부르릉 (벌컥 발끈)

2 ❶ 개울 / 뜨거운 햇볕이 비치는 한여름, 개울에서 시원하게 멱을 감았다.
   ❷ 보살피다 / 우리 집은 강아지 두 마리와 고양이 한 마리를 보살피고 있다.
   ❸ 빨갛다 / 축구를 하고 돌아온 아이들의 얼굴은 빨갛게 상기되어 있었다.
   ❹ 발끈 / 수정이가 한 말에 기분이 나빠진 철호가 갑자기 발끈했다.

3 (쓰다 – 낭비, 부지런하다 – 쓰다, 쿵쾅쿵쾅 – 게으르다… 이미지 연결)

▶ **정답 지도 시 주의할 점** '살금살금'과 '쿵쾅쿵쾅'은 걷는 모습에서 차이가 있어요.

4 ❶ 달다 / 현지는 몸에 힘이 하나도 없었는데, 단 음식을 먹었더니 생기가 돌아왔다.
   ❷ 부지런하다 / 부지런한 동수는 열심히 일을 해서 돈을 많이 벌었다.
   ❸ 쿵쾅쿵쾅 / 경찰이 다가오자 도둑은 깜짝 놀라 쿵쾅쿵쾅 복도를 가로질러 도망치기 시작했다.

02 여러 가지 낱말로 재미있는 문장 만들기 ②
...... pp. 14~15

연습하기

1 ❶ 빨고, 쓸었다
   ❷ 예쁜, 빠르게
   ❸ 꾸벅꾸벅, 키득키득

직접 써 보기

1 ❶ 우리 반 꼴찌 온유는 시험에서 빵점을 맞았지만 얼굴에 웃음이 가시질 않는다.
   ❷ 엄마는 집에 와서 오빠에게 심부름을 시켰다.
   ❸ 지혁이는 할머니의 안타까운 사연을 듣자 한없이 슬펐다.
   ❹ 꼬끼오! 새벽을 알리는 수탉의 울음소리와 함께 하늘에서 울긋불긋한 해가 솟아올랐다.

03 꾸밈말을 넣어 재미있는 문장 만들기
...... pp. 16~17

연습하기

1 ❶ 꽥꽥, 추적추적
     비가 추적추적 내리는 연못에서 오리가 꽥꽥 소리를 지른다.
   ❷ 땅을 파는, 비행기
     땅을 파는 포클레인은 비행기보다 작다.
   ❸ 배가 고픈, 점심·학교
     배가 고픈 아이가 점심에 학교에서 급식을 먹었다.

직접 써 보기

1 ❶ 신우는 신나는 뽀로로 주제가를 크게 불렀다.
   ❷ 하늘에는 구름이 뭉게뭉게 떠 있고, 산에는 새가 지지배배 노래를 부른다.

❸ 하얗게 눈이 내린 크리스마스 밤, 산타클로스는 루돌프보다 코가 빨개졌다.
❹ 생일날, 주혁이는 시장에서 지혁이와 햄버거를 먹었다.
❺ 대한민국이 사랑하는 손흥민은 포르투갈을 무너뜨리는 골을 넣었다.
❻ 12월 23일 학교에서 태희는 하량이에게 조그마한 선물을 수줍게 주었다.

04 사실과 의견으로 이어 쓰기 ······ pp. 18~19

연습하기

1 ❶ **한 일**: 꿈끼 발표회에서 많은 아이가 자신의 끼를 선보이는 자리를 가졌다.
의견: 친구들의 장기를 보니 즐거웠고, 나도 나만의 특기를 가져야겠다는 생각이 들었다.
❷ **들은 일**: 한 아이의 무대가 끝날 때마다 친구들의 우레와 같은 박수 소리가 들렸다.
의견: 친구들끼리 서로 응원해 주는 모습에 내 마음이 뿌듯했다.

직접 써 보기

1 ❶ **사실**: 캔과 고철류는 수요일에, 플라스틱은 월·금·일요일에 수거합니다.
❷ **사실**: 카타르 월드컵은 2002 한일 월드컵 이후로 아시아에서 역대 두 번째로 열린 월드컵입니다.
의견: 앞으로 많은 아시아 국가에서 월드컵이 열리면 좋겠습니다.
❸ **사실**: 드디어 겨울방학이 시작되었습니다.
사실: 현우가 나에게 겨울방학에 뭐 할 거냐고 물었습니다.
의견: 나는 겨울방학에 우선 아무 생각 없이 쉬고 싶다는 생각이 들었습니다.

05 여러 가지 방법으로 이어 쓰기 ① ······ pp. 20~21

연습하기

1 ❶ ㉡ 예를 들면, 김연아, 손흥민, 류현진 등의 스포츠 스타가 최선을 다해 경기를 뛰는 모습이 떠오른다.
㉢ 나는 김연아가 빙판에서 멋진 연기를 하는
❷ ㉠ 책, 복잡하다
㉡ 학교에 가면 지켜야 할 규칙도 많고, 배워야 할 교과도 많기 때문이다
㉢ 친구들과 사이좋게 지내고 선생님 말씀을 잘 들어야 한다
❸ ㉠ 자동차, 비행기
㉡ 자동차와 비행기는 모두 교통수단이라는 공통점이 있다.
㉢ 자동차가 바퀴를 통해 이동하는 반면에 비행기는 날개로 하늘을 날아서 목적지에 도착한다
❹ ㉠ 스마트폰 게임, 중독되기 쉽다
㉡ '스마트폰 게임'을 떠올리면 나는 '포켓몬'이 가장 먼저 떠오른다.
㉢ 포켓몬, 둘 다 독특한 즐거움이 있다
❺ ㉠ 바둑 두는 것
㉡ 이세돌이 알파고와 바둑 두는 장면을 보고 그것이 멋지다고 생각했기 때문이다
㉢ 바둑과 비슷한 취미에는 장기, 체스, 루미큐브 등과 같은 전략 게임이 있다.

06 여러 가지 방법으로 이어 쓰기 ② ······ pp. 22~23

연습하기

1 ❶ ㉠ 온도가 계속 오르는
㉡ 이 문제가 지속되면 지구가 점점 뜨거워져서 결국 홍수나 가뭄 같은 심각한 재난이 발생할 것이다.

ⓒ 여름에 에어컨을 적게 틀고 겨울에 난방을 줄여야 한다
❷ ㉠ 각과 선분
　㉡ 직사각형, 마름모, 정사각형
　ⓒ 주변에서 볼 수 있는 사각형 모양으로 된 물건에는 스마트폰, 책상, 사물함, 필통 등이 있다.
❸ ㉠ 자전거는 프레임, 조향부(핸들바), 안장, 페달과 체인, 브레이크, 바퀴 등으로 이루어져 있다.
　㉡ 자전거를 오래 타면 엉덩이가 아파 오는
　ⓒ 자전거에 엉덩이 통증을 완화해 주는 안장을 설치하면 된다
❹ ㉠ 보따리 장수로 변신해서 백설공주에게 독사과를 먹으라고 유혹했다
　ⓒ 이를 해결하려면 백설공주의 목에 걸려 있는 독사과를 빼내거나 왕자가 백설공주에게 입맞춤을 해야 한다.
❺ ㉠ 〈엘리멘탈〉에서 엠버와 웨이드, 불과 물이 서로 감싸 주는 장면
　㉡ 그리고 스파이더맨이 거미줄을 길게 뽑아내 위기에 빠진 사람을 도와주는 장면도 좋아한다.
　ⓒ 〈엘리멘탈〉에서 엠버가 쉽게 흥분하거나 스파이더맨이 가난 때문에 힘들어하는 장면은 그다지 좋아하지 않는다

▶ **정답 지도 시 주의할 점** 비슷한 내용을 쓸 때는 '그리고'가, 반대되는 내용을 쓸 때는 '하지만, 그러나'와 같은 이어 주는 말이 들어가요.

07 릴레이 글쓰기 ·················· pp. 24~25

직접 써 보기

1 ❷ 우리 교실은 칠판과 <u>선생님</u> 자리, <u>학생</u> 자리, <u>사물함</u>과 학생 작품을 걸어 두는 꾸밈판 자리로 이루어져 있습니다.
❸ 선생님 자리는 병원처럼 <u>깨끗하게</u> 정리되어 있지만 학생들 자리는 쓰레기장처럼 <u>지저분한</u> 곳이 몇 군데 있습니다.
❹ 또, 학생 작품을 걸어 두는 꾸밈판에는 <u>피카소</u>처럼 잘 그린 작품도 있지만, <u>유치원생</u>이 그린 것처럼 수준 이하인 작품도 있습니다.
❻ 왜냐하면 교실은 우리가 <u>1년</u> 동안 공부하고 활동하는 장소이기 때문입니다. 교실아! 앞으로도 우리의 멋진 학교생활을 잘 <u>부탁해!</u>

08 오감을 활용한 표현을 넣어 세 문장 쓰기
·················· pp. 26~27

연습하기

1 ❶ **촉각**: 두툼하고 부드러운 빵을 두 손으로 잡고, 입술 가까이 가져가면 양상추와 토마토가 입술에 닿아 상쾌한 느낌이 확 난다.
　대상: 햄버거
❷ **청각**: 고요한 방 안에서 조금 더 눈을 감고 잠을 청하면 옆에서 새들이 일어나라고 지지배배 지저귄다.
　대상: 아침
❸ **시각**: 눈처럼 하얗던 운동화가 이제는 흙먼지가 쌓여 진한 회색으로 변해 간다.
　미각: 운동화를 살짝 내 혀끝에 대 보면 짭짤한 맛이 날 것 같다.
　대상: 운동화
❹ **청각**: 내가 잘못했을 때 엄마는 호랑이처럼 으르렁거리지만 잘하면 꾀꼬리처럼 칭찬한다.
　후각: 엄마의 품속으로 쏙 들어가면 꽃향기가 내 콧속을 어지럽힌다.
　대상: 엄마
❺ **촉각**: 반들반들한 수박 껍질을 툭 쪼개서 빨간 과육을 아삭 베어 문다.
　미각: 달달한 빨간 과육을 먹고 나면, 아무 맛도 나지 않는 연두색 껍질 부분이 드러난다.
　대상: 수박

09 오감을 활용한 표현을 넣어 글쓰기 ①
······ pp. 28~29

연습하기

1

〈아름다운 제주〉

위이이이잉! 우리가 탄 비행기가 **굉음을 내며** 제주도 푸른 하늘 아래 착륙했다. 아름다운 제주도에 드디어 발을 들였다. 공항에서 멀리 바라보니 **거대한** 한라산이 가장 먼저 보였다. 계절은 봄이었지만 한라산 중턱부터 정상까지 하얀 눈이 쌓인 모습이 **생생하게** 눈에 들어왔다. 가장 먼저 한 일은 배고픔을 다스리는 것! 식당에 들어가서 전복죽, 물회, 성게미역국 등 **바다 내음이 가득한** 음식을 푸짐하게 시켰다. **달짝지근한** 전복죽, **새콤달콤한** 물회, 시원하면서도 **짭조름한** 성게미역국이 나의 입맛을 돋아 주어서 음식을 배부르게 먹었다. 밥을 먹고 나서 유네스코 세계문화유산으로 유명한 성산일출봉을 보기 위해 출발했다. 자동차를 타고 가면서 창문을 내리자 시원한 바람이 **내 얼굴을 감싸안았다**. 해안도로에 잠깐 차를 세우고 귀를 기울이자 까마귀가 **깍깍대며** 우는 소리가 파도 소리와 함께 간간이 귀에 들려왔다.

직접 써 보기

1

나의 경험	
여행 갔던 일	군산으로 여행 갔던 일
시각	자그마하고 허름한 집이 즐비하게 놓인 골목길 안 철길 마을
청각	좁디좁은 골목길 안 철길에서 찰칵찰칵 카메라 셔터 소리가 울린다.
후각	오래된 철길에서 비릿한 녹슨 향이 흠씬 풍겼다.
미각	칼칼한 짬뽕 국물을 마시고 빵집에서 달콤한 단팥빵을 먹었다.
촉각	시원한 바닷바람이 몸에 닿자 기쁨의 소름이 돋았다.

2 군산

군산에 가 본 적이 있니?

자그마하고 허름한 집이 즐비하게 놓인 골목길 안 철길 마을을 본 적 있어?

사람들이 셔터 누르는 소리가 가득한 그곳에서 시원한 바닷바람을 맞자 온몸에 기쁨의 소름이 돋았어.

오래된 철길에서 비릿한 녹슨 향을 맡고 나서 먹은 칼칼한 짬뽕 국물! 거기에 더해진 달콤한 단팥빵은 어찌나 맛있던지······.

10 오감을 활용한 표현을 넣어 글쓰기 ②
······ pp. 30~31

직접 써 보기

1

학습지

시각: 학습지를 넘기는 내 손이 떨리고 있다.

청각: 사각사각 연필로 글씨를 쓰는 소리만 주위에 울린다.

후각: 학습지에서 나는 종이 냄새가 어느 순간 향긋하게 느껴진 것은 나의 착각일까?

미각: 학습지를 풀면서 상큼한 레모네이드를 마시면 머리가 휘리릭 잘 돌아간다.

촉각: 엄마가 힘내라고 등을 토닥일 때 더욱 힘이 난다.

〈학습지〉

학습지 푸는 것은 꽤 힘든 일이다. 학습지를 넘기는 내 손이 떨리고 있었다. 하지만 풀어야 하는 것을 어쩌란 말이냐? 사각사각 연필로 글씨를 쓰는 소리만 주위에 울렸다. 학습지에서 나는 종이 냄새가 어느 순간 향긋하게 느껴진 것은 기분 탓일까? 분명, 상큼한 레모네이드를 마셔서 갑자기 머리가 휘리릭 잘 돌아갔기 때문일 것이다. 엄마가 힘내라고 등을 토닥이니까 더욱 힘이 난다. 와! 드디어 마지막 문제!

2단원 바르게 문단 쓰기

01 문단 쓰기 ① .... pp. 34~35

연습하기

1 ❶ 요즘 자주 일어나는 학교 폭력의 사례를 알아보겠습니다.
   ❷ 몸에 좋고 맛도 좋은 토마토를 많이 먹읍시다.

2 ❶ (기업, 전략) 14일 기념일은 제품을 많이 팔기 위한 기업의 전략으로 기념일을 챙기면 쓸데없는 지출을 많이 하게 됩니다.
   (상처, 소외감) 또, 기념일에 선물을 못 받으면 상처를 받거나 소외감을 느끼는 친구도 생깁니다.
   ❷ (쉽다, 집 안) 걷기는 어디서든 할 수 있는 쉬운 운동입니다. 심지어 집 안에서도 걷기 운동을 할 수 있습니다.
   (척추, 거북목 증후군) 걷기는 휜 척추나 거북목 증후군이 있는 아이가 올바른 자세를 가지도록 도와줍니다.
   ❸ (5월 8일, 어버이날) 5월 8일 어버이날에는 부모님께 카네이션과 함께 직접 쓴 편지를 드려야겠다.
   (5월 15일, 스승의 날) 5월 15일 스승의 날에는 선생님께 편지를 쓰고 꼭 '감사합니다'라는 말로 내 마음을 표현할 것이다.

02 문단 쓰기 ② .... pp. 36~37

연습하기

1 ❶ 세종대왕은 우리말이 중국과 달라 글자를 읽고 쓰는 데 백성들이 어려움을 겪는다고 생각했다. 1443년 세종대왕은 한글을 완성하고, 1446년 훈민정음이라는 이름으로 반포하였다. 한글의 창제로 백성들은 글을 쉽게 읽고 쓸 수 있게 되었다.
   ❷ 겨울잠은 꼭 겨울이 아니더라도 먹을 것이 부족해지면 동물들이 하는 행동이다. 그러므로 겨울에 먹이가 풍부한 지역에서는 겨울잠을 자지 않는 동물들도 많다. 겨울잠은 먹을 것이 부족한 계절에 에너지 소모를 최소한으로 줄이기 위해 동물이 선택하는 생존 방법이기 때문이다.

2 뼈는 우리 몸에서 여러 가지 역할을 합니다. 뼈는 우리 몸의 기둥으로 뼈가 없으면 우리는 걷거나 서지 못합니다. 또, 뼈는 뇌나 폐 등 우리 몸의 연약한 부위를 보호하기도 합니다. 마지막으로 뼈는 신체가 자유로이 움직일 수 있도록 우리 몸의 근육을 움직여 줍니다.

03 문단 점검하기 .... pp. 38~39

연습하기

1 ❶

> 6 나누기(÷) 2에는 두 가지 뜻이 담겨 있다. 첫 번째 의미는 6개의 사과를 2명에게 똑같이 나누어 주면 1명이 몇 개의 사과를 가질 수 있는지 묻는 것이다. ~~3이라는 숫자를 따 보면 어 의미라는 것을 파악할 수 있어야 한다.~~ 두 번째 의미는 6개의 사과를 2개씩 나누어 주면 몇 명에게 나누어 줄 수 있는지 묻는 것이다. <u>이처럼 나눗셈은 '똑같이 나누었을 때 한 부분의 양을 묻는 것'과 '같은 양을 몇 번 뺄 수 있는지 묻는 것' 두 가지 의미를 가지고 있다.</u>

❷

> 불국사에 도착하자 다보탑과 석가탑이 눈에 띄었다. 다보탑은 여러 가지 다양한 무늬를 가지고 있어서 화려한 아름다움을 느꼈다. 석가탑은 단조롭지만 우뚝 솟은 신라인의 기개를 볼 수 있었다. 근데 두 탑은 왜 불국사에 있을까? 화려한 느낌을 주는 다보탑과 의연함을 보여 주는 석가탑, 이 두 탑이 신라를 대표하는 것처럼 느껴지는 것은 절대 우연이 아닐 <u>것이다.</u>

직접 써 보기

1 ❶

> <u>학교에서 스마트폰을 자유롭게 사용하는 것은 학생들에게 도움을 줄 수 있습니다.</u> 학생들이 스마트폰을 사용하면 수업 중에 게임이나 문자를 하는 등 딴짓을 많이 합니다. 또, 스마트폰의 작은 화면을 보면서 작업하기 때문에 눈이 나빠질 수 있습니다. 게다가 전자파의 영향으로 수업 중에 집중력이 흐트러질 수 있으므로 학교에서 스마트폰 사용을 금지해야 합니다.
>
> → <u>학교에서 학생들이 스마트폰을 사용하는 것은 도움이 되지 않습니다.</u>

❷

욕을 사용하지 맙시다. 욕을 하면 상대방의 기분이 나빠질 수 있습니다. 자신은 아무렇지도 않게 사용한 욕이 잘못 해석돼서 상대방의 마음을 상하게 할 수 있는 것입니다. 또, 욕은 친구들의 우정을 돈독하게 합니다. 서로를 칭찬하거나 배려하는 말은 상대방을 기분 좋게 하지만 욕은 좋은 분위기도 험악하게 만듭니다. 따라서 앞으로 귀에 거슬리는 욕을 사용하지 않도록 노력합시다.

→ 또, 욕은 분위기를 망치는 원인이 됩니다.

04 여러 가지 주제로 문단 구성하기 - ① 운동

······ pp. 40~41

연습하기

1 스포츠 정신, 정정당당, 월드컵, 체육, 줄넘기

2 **월**-월요일 저녁 배가 고팠는데 엄마가 집에 안 계셨다.
드-디글디글해진 밥을 먹으려니 도저히 목으로 넘어가지 않았다.
컵-컵라면이나 끓여서 먹어야겠다고 생각했다.
드-드라마를 한참 보고 있었지만 엄마는 돌아오지 않았다.

직접 써 보기

1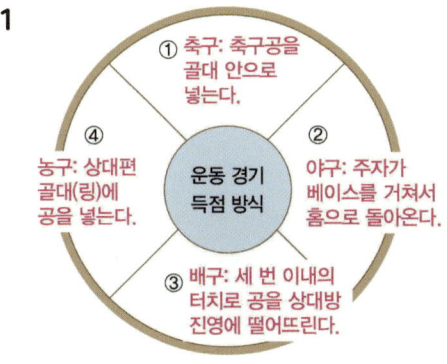

2 운동 경기의 득점 방식은 다양합니다. 먼저 축구와 농구는 상대편의 골대(링)에 공을 넣으면 점수를 얻습니다. 배구는 세 번 이내의 터치로 공을 상대편 진영 바닥에 떨어뜨리면 점수를 얻습니다. 야구는 주자가 베이스를 모두 거쳐서 홈으로 돌아오면 득점을 합니다.

05 여러 가지 주제로 문단 구성하기 - ② 독후감

······ pp. 42~43

연습하기

1 줄거리, 쓰기, 지겹다, 해리포터, 독서 감상문, 마인드맵, 숙제, 힘들다, 어렵다, 선생님, 엄마, 아빠

2 **지**-지금 산타클로스는 루돌프와 함께 길을 떠났다.
겹-겹겹이 쌓인 눈길을 뚫고 썰매를 달린다.
다-다 같이 불러 주는 캐럴이 산타와 루돌프에게 힘을 준다.

선-선물로 준비한 이것을 받으면 엄마는 기뻐할까?
생-생일도 아닌데 선물을 받는다면 엄마는 어떤 표정을 지을까?
님-임금님처럼 엄마가 하루를 보낼 수 있도록 말도 잘 들어야지.

다-다니는 곳곳마다 행복을 선물해 주려고 산타는 루돌프와 힘껏 달린다.

직접 써 보기

1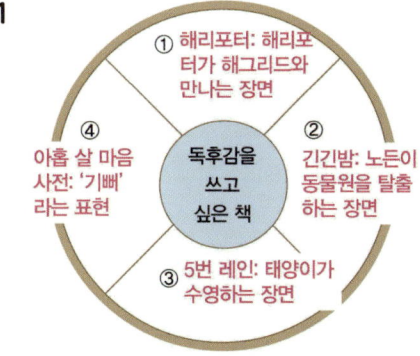

2 독후감을 쓰고 싶은 책이 많습니다. 인상 깊은 장면이 생각나는 〈해리포터〉, 〈긴긴밤〉, 〈5번 레인〉의 독후감을 쓰고 싶습니다. 또, 〈아홉 살 마음 사전〉에서 '기뻐'라는 표현에 대해 설명한 내용도 독후감으로 쓰고 싶습니다.

06 여러 가지 주제로 문단 구성하기 – ③ 중국집
······pp. 44~45

연습하기

1 짜장면, 짬뽕, 탕수육, 만리성, 깐풍기, 팔보채, 배달, 오토바이, 요리사

2 **짬**–짬이 잠깐이라도 나면 이 일 좀 도와주세요.
뽕–뽕뽕, 자꾸 방귀가 나오네. 화장실 다녀와서 도와줄게요.

깐–깐깐한 나의 입맛에 맞는 음식이 있을까?
풍–풍족하게 살아서 음식이 맛이 없는 거야.
기–기근이 찾아온다면 무얼 먹어도 맛이 있을걸!

뽕–뽕짝을 들었더니 힘이 나는구나! 자, 무엇을 도와줄까?

▶ 뽕짝: '트로트'를 속되게 이르는 말. 또는 그 가락의 흉내말

직접 써 보기

1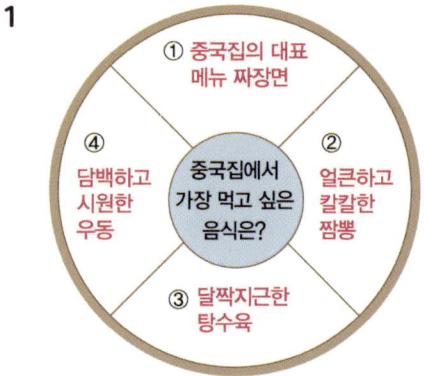

2 머릿속에 많은 중국 음식이 떠오른다. 중국집의 대표 메뉴 짜장면, 얼큰하면서 칼칼한 짬뽕. 그뿐인가? 달짝지근한 탕수육, 담백하고 시원한 우동! 어서 빨리 중국집에 가서 맛있는 요리를 먹고 싶다.

07 여러 가지 주제로 문단 구성하기 – ④ 만화책
······pp. 46~47

연습하기

1 흔한남매, 마법천자문, Why 시리즈, 그리스 로마 신화, 에그박사, 원피스, 놓지 마! 과학, 만화 삼국지

2 **천**–천사같이 아름다운 이태석 신부님
자–자신의 모든 것을 희생해서 수단의 한센병을 퇴치하려고 노력했다.
문–문드러진 몸을 보고, 그들과 함께 아파하고 눈물 흘리신 이태석 신부님!

천–천상의 멜로디를 만든 음악의 신! 모차르트
자–자유자재로 피아노를 연주하는 그의 손가락
문–문득 모차르트의 〈피가로의 결혼〉을 듣고 싶었다.

문–문화유산으로 남은 그의 아름다운 곡들을 다시 듣고 싶다.

직접 써 보기

1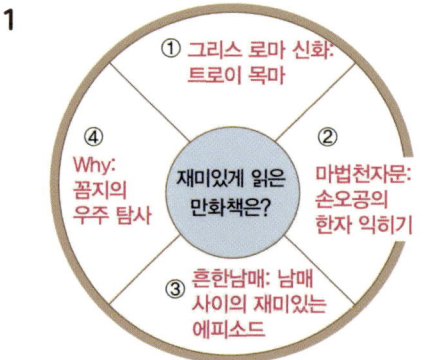

2 만화책을 읽으면 시간이 왜 이렇게 빨리 가는지 모르겠다. 특히 〈그리스 로마 신화〉의 '트로이 목마' 편은 손에 땀을 쥐고 읽었다. 〈마법천자문〉은 손오공이 한자로 악당을 물리치는 장면이 재미있었고, 〈흔한남매〉는 남매 사이의 일상을 공감하며 읽었다. 요새는 Why 시리즈도 봤는데 꼼지가 우주를 탐험하는 내용에 푹 빠졌다.

08 여러 가지 주제로 문단 구성하기 – ⑤ 장난감
······pp. 48~49

연습하기

1 포켓몬, 큐브, 레고, 킥보드, 아이언맨, 보드게임, 인형, 장난감 총, 자석 블록, 레이싱 장난감, 뽀로로

2 **킥**–킥킥, 조용한 교실에서 갑자기 웃음소리가 났다.
보–보니까 우리 반 말썽쟁이 가은이의 웃음소리

였다.

드-드문드문 가은이가 그럴 때가 있는데 수업 때는 조용히 하면 좋겠다.

레-레스토랑에 가서 맛있는 음식을 먹고 싶었다.

이-이 근처의 유명한 레스토랑에서 비싼 스테이크를 시켰다.

싱-싱싱한 샐러드와 함께 나온 스테이크는 입안에서 사르르 녹았다.

싱-싱거운 소스와 함께 나온 스테이크는 나에게 실망감만 안겼다.

직접 써 보기

1

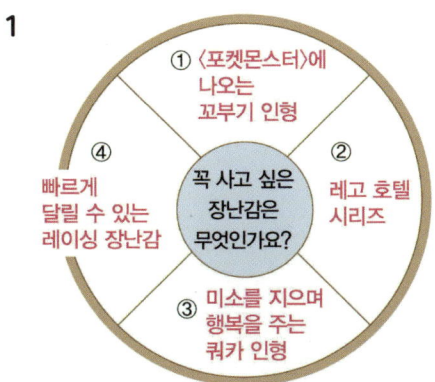

2 나는 사고 싶은 장난감이 많다. 〈포켓몬스터〉에 나오는 꼬부기 인형이나 미소를 지으며 행복을 주는 쿼카 인형이 내 옆에 있으면 좋겠다고 몇 번이나 생각했다. 그리고 레고 호텔 시리즈나 스트레스를 날릴 수 있는 레이싱 장난감도 갖고 싶다.

09 예절을 지켜 글쓰는 방법 알기 ....pp. 50~53

연습하기

1 ❶ 아버지
❷ 좋은 아침
❸ 여러분
❹ 편찮으시다
❺ 계시다
❻ 외삼촌
❼ 생신 축하드려요.

2 ❶ 미국에 가셨던 삼촌께서 어제 집에 놀러 오셨어.
❷ 정우야, 좋은 아침이야. 내일 할머니 생신인데 같이 할머니 선물 좀 사러 가지 않을래?
❸ 어서 오세요. 그 상품은 품절입니다. 이 상품 디자인이 너무 예쁘죠?
❹ 손님, 구매해 주셔서 고맙습니다. 다음에 꼭 다시 방문해 주시면 감사하겠습니다.
❺ 할머니, 이거 할머니 드리려고 샀어요. 할머니께서는 건강해서 연세보다 훨씬 젊어 보이세요.

직접 써 보기

1 ❶ 여러분 / 말씀드리겠습니다 / 빛이 다른 쪽 벽에 부딪히는 것을 볼 수 있습니다 / 빛의 방향이 바뀌는 것을 '빛의 반사'라고 합니다
❷ 은혜야, 아까 길에서 만났을 때 나 모른 척하지 않았니? 마음이 많이 속상하더라. 앞으로는 꼭 아는 척하면 좋겠어. 알겠지? 내일 학교에서는 웃으면서 보자. 안녕, 내일 보자.
❸ 안녕하세요? 어머니. / 어머니께서 몸이 편찮으셨을 때 더 신경 썼어야 하는데 그러지 못했어요. 앞으로는 어머니 마음에서 아픈 곳은 없는지 많이 대화 나눠요. / 안녕히 계세요.

10 예절을 지켜 글쓰기 ....pp. 54~55

연습하기

1 높임법, 진지, 높임말, 정중하다, 예의, 가정교육, 말본새

▶ 말본새: 말하는 태도나 모양새

2 **높**-높임말을 쓰면 뭐가 좋아요?
임-임자, 그것도 모르시오?
말-말이란 사람의 마음을 결정짓는다오. 높임말을 쓰면 쓸수록 그 사람의 마음은 더욱 아름다워질 것이오.

말-말은 하면 할수록 실수를 하게 된다.

본–본능을 누르고 말을 적게 하도록 노력하자.
새–새해가 되어 말을 줄이는 것을 목표로 삼아야겠다.

새–새로운 마음으로 예절을 지키며 살 수 있도록 항상 노력해야겠다.

> 직접 써 보기

1

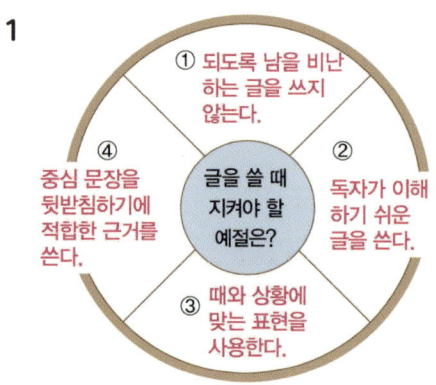

2 글을 쓸 때 지켜야 할 여러 가지 예절이 있습니다. 첫째, 남을 비난하는 글은 되도록 쓰지 않아야 합니다. 둘째, 독자가 이해하기 쉬운 글을 써야 합니다. 셋째, 때와 상황에 맞는 낱말과 문장 표현을 사용해야 합니다. 넷째, 중심 문장에 알맞은 근거를 적어야 합니다.

3단원 국어사전 활용하기

▶ **정답 지도 시 주의할 점** 사전에 나온 설명 자체가 아이의 어휘력보다 높은 경우가 많습니다. 여기서는 아이에게 낱말의 완벽한 뜻을 알려 주려고 하기보다는 사전을 재미있게 찾는 연습을 통해 조금씩 사전에 나오는 낱말에 익숙해질 수 있도록 도와주세요. 사전에 나오는 낱말을 가르치려고만 하면 아이는 사전 찾기가 지루하고 재미없습니다. 언어를 처음 배울 때처럼 사전을 찾는 과정도 정확성보다는 유창성을 중시해 주세요. 사전 찾기가 글을 더 잘 쓰기 위한 과정의 하나라고 생각해 주세요.

01 국어사전에서 낱말 찾기 ················ pp. 58~61

> 연습하기

1 **형태가 바뀌지 않는 낱말**: 조명, 호롱, 램프, 랜턴, 필라멘트, 제조, 비율
형태가 바뀌는 낱말: 마찰해서–마찰하다, 가열해서–가열하다, 전환하는–전환하다, 교체하고–교체하다

2 ❶ **뜻**: 손에 들고 다니는 등
예시: 캠핑장 곳곳에 <u>랜턴</u> 불빛이 은은하게 비췄다.
❷ **뜻**: 다른 수나 양에 대한 어떤 수나 양의 비
예시: 그 아이돌 가수는 다리가 길어서 몸의 <u>비율</u>이 좋아 보인다.

❸ 뜻: 두 물체가 서로 닿아 비벼지다.
예시: 두 손을 마찰하여 비비면 뜨거운 열이 발생한다.
❹ 뜻: 다른 방향이나 상태로 바꾸다.
예시: 학원 수업 시간을 낮에서 밤으로 전환하였다.
❺ 가열하다
뜻: 어떤 물질에 열을 가하다.
예시: 물을 가열하여 수증기로 만드는 실험을 했다.

▶ **정답 지도 시 주의할 점** 낱말을 찾고 예시 문장까지 쓴 후에 앞의 글을 다시 읽어 보게 해 주세요. 이러한 과정을 반복하면 어려운 글도 쉽게 읽을 수 있어요.

직접 써 보기

1 채널, 업로드, 구독자, 보유하고, 제공한다, 원작, 발매하고, 녹아, 시리즈

2 **형태가 바뀌지 않는 낱말**: 채널, 업로드, 구독자, 원작, 시리즈
형태가 바뀌는 낱말: 보유하고-보유하다, 제공한다-제공하다, 발매하고-발매하다, 녹아-녹다

3 ❶ 구독자
뜻: 책이나 신문, 잡지 따위의 정기 간행물을 구입하여 읽는 사람
예시: 인기 유튜버 중 한 명이 부적절한 행동을 해서 구독자 수가 급감했습니다.
❷ 시리즈
뜻: 같은 종류의 연속 기획물
예시: 디즈니는 이번에 〈아이언맨〉 시리즈를 영화로 기획했습니다.
❸ 보유하다
뜻: 가지고 있거나 간직하고 있다.
예시: 손흥민 선수는 프리미어리그 득점왕 기록을 보유하고 있습니다.
❹ 발매하다
뜻: 상품이나 증권 따위를 내어 팔다.

예시: 오래전에 발매되었던 만화 〈슬램덩크〉가 영화 〈더 퍼스트 슬램덩크〉로 돌아왔습니다.
❺ 녹다
뜻: 어떤 물체나 현상 따위에 스며들거나 동화되다.
예시: 이 책에는 글쓴이의 감정이 잘 녹아 있다.

02 낱말의 뜻을 이해하고 글쓰기 – ① 의미 관계
······pp. 62~65

연습하기

1 ❶ 뜻: 아침 끼니로 먹는 밥
뜻이 비슷한 낱말: 올밥, 조반, 조식
❷ 뜻: 눈치가 빠르고 똑똑하다.
뜻이 반대인 낱말: 우둔하다, 멍청하다, 어리석다
❸ 뜻: 음식 따위를 혀에 댈 때에 느끼는 감각
포함된 낱말: 쓰다, 달다, 짜다, 맵다, 시다

직접 써 보기

1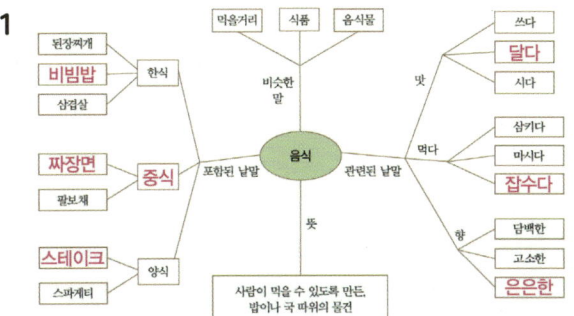

음식은 사람이 먹을 수 있도록 만든, 밥이나 국 따위의 물건이라는 의미를 가지고 있습니다. 비슷한 말로는 '먹을거리, 식품, 음식물'이 있습니다. '음식'과 관련된 낱말을 나열하면 '쓰다, 달다, 시다' 등은 음식의 맛과 연관되어 있습니다. 그리고 '담백한, 고소한, 은은한'과 같은 낱말은 음식의 향과 연결되어 있습니다.

2

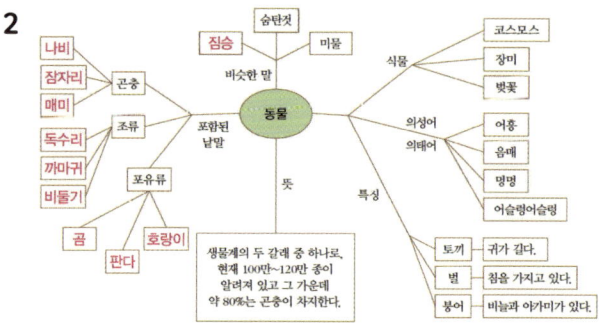

'짐승, 숨탄것, 미물'이 의미하는 것은 무엇일까요? 바로 생물계의 두 갈래 중 하나인 '동물'입니다. 동물에 포함된 낱말을 알아보면 곤충으로 나비, 잠자리, 매미 등이 있습니다. 조류에는 독수리, 까마귀, 비둘기가 있고, 포유류에는 곰, 판다, 호랑이가 있습니다.

3

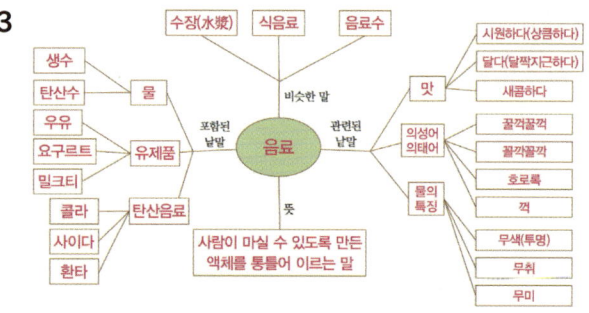

음료란 사람이 마실 수 있도록 만든 액체를 통틀어 이르는 말입니다. 음료와 관련된 낱말을 알아보면 '시원하다, 달짝지근하다, 새콤하다' 등 맛과 관련된 표현이 있습니다. 그리고 '꿀꺽꿀꺽, 호로록, 꺽'과 같이 음료를 마실 때 나는 소리와 관련된 낱말도 있습니다. 이러한 음료 중 물의 특징을 알아보면 물은 투명하고 무미, 무취합니다.

03 낱말의 뜻을 이해하고 글쓰기 - ② 다의어

······pp. 66~67

연습하기

1

	여러 가지 뜻	관련 낱말
먹다	음식 따위를 입을 통하여 배 속에 들여보내다.	③
	어떤 마음이나 감정을 품다.	④
	일정한 나이에 이르거나 나이를 더하다.	⑤
	겁, 충격 따위를 느끼게 되다.	②
	구기 경기에서 점수를 잃다.	①

▶ **정답 지도 시 주의할 점** 한 낱말이 가진 여러 가지 뜻을 알면 문장을 더욱 정확하고 다채롭게 표현할 수 있다고 일려 주세요.

2 ② → 놀이공원 유령의 집에 간 아이들은 잔뜩 겁을 먹었다.

3 ❶ ㉠ 화강암은 현무암보다 강하다.
㉡ 현민이는 성격이 강해서 다른 사람과 많이 부딪힌다.
❷ ㉠ 반 아이들이 교실 바닥에 떨어진 바둑돌을 주섬주섬 줍기 시작했다.
㉡ 친구들과 주섬주섬 늘어놓는 이야기는 참 재미있다.
❸ ㉠ 왕자가 탄생하자 온 나라가 기뻐하였다.
㉡ 중국의 황하강 유역에서 새로운 문명이 탄생하였다.

04 사전을 활용한 주제별 글쓰기 - ① 남극

······pp. 68~69

연습하기

1 ❶ **남극**: 자침이 가리키는 남쪽 끝. 에스(S)로 표시한다. 지축의 남쪽 끝
❷ **고도**: 평균 해수면 따위를 0으로 하여 측정한 대상 물체의 높이
❸ **대륙**: 넓은 면적을 가지고 해양의 영향이 내륙부에까지 직접적으로 미치지 않는 육지
❹ **바이러스**: 동물, 식물, 세균 따위의 살아 있는 세포에 기생하고, 세포 안에서만 증식이 가능한 비세포성 생물

직접 써 보기

1

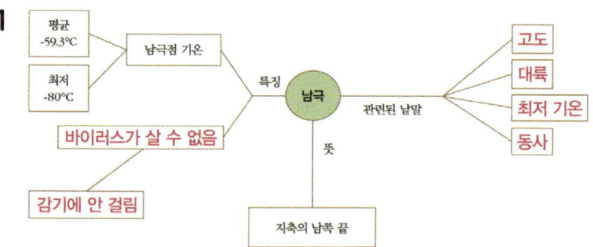

2 자침이 가리키는 남쪽 끝에는 무엇이 있을까요? 지축의 남쪽 끝, 바로 남극이 있습니다. 남극 가운데 남극점은 7~8월 평균 기온이 영하 59.3도이고,

최저 기온은 영하 80도까지 떨어집니다. 이러한 기온 때문에 남극에는 세포 안에서만 증식이 가능한 바이러스가 살 수 없습니다.

05 사전을 활용한 주제별 글쓰기 - ② 공항
······pp. 70~71

연습하기

1 ❶ **발권**: 지폐 또는 돈이나 물품과 교환할 수 있는 종이로 된 증서를 발행함. 또는 그런 일
   ❷ **신분**: 부모·자녀·가족·배우자 따위와 같이 신분 관계의 구성원으로 갖는 법률적 지위
   ❸ **인식**: 사물을 분별하고 판단하여 앎
   ❹ **위탁**: 남에게 사물이나 사람의 책임을 맡김

직접 써 보기

1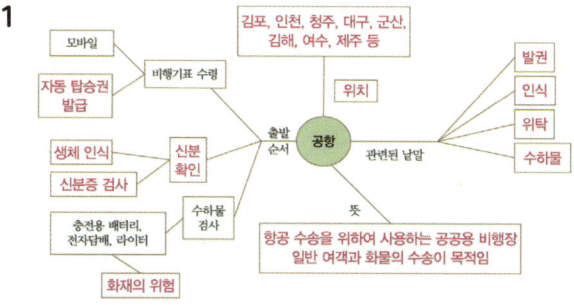

2 우리나라에는 항공 수송을 위하여 사용하는 공공용 비행장이 많이 있습니다. 대표적인 곳으로 인천, 김포, 제주 공항이 있습니다. 이 외에도 청주, 대구, 군산, 김해, 여수 등에도 공항이 있습니다. 이번에 새로운 공항이 울릉도에 생긴다고 합니다.

06 사전을 활용한 주제별 글쓰기 - ③ 코로나
······pp. 72~73

연습하기

1 ❶ **전염병**: 전염성을 가진 병들을 통틀어 이르는 말
   ❷ **호흡기**: 호흡 작용을 맡은 기관
   ❸ **지속되다**: 어떤 상태가 오래 계속되다.
   ❹ **착용하다**: 의복, 모자, 신발, 액세서리 따위를 입거나, 쓰거나, 신거나, 차거나 하다.

직접 써 보기

1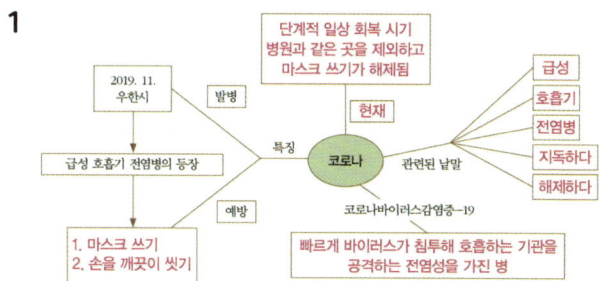

2 2019년 11월 중국 후베이성 우한시에서 발생한 코로나로 전 세계는 많은 어려움을 겪었습니다. 정부는 마스크 쓰기를 생활화하고, 거리두기에 초점을 맞추어 방역을 진행했습니다. 이제는 단계적 일상 회복 시기로 병원과 같은 곳을 제외하고 마스크 쓰기가 해제되었습니다.

07 사전을 활용한 주제별 글쓰기 - ④ 플라스틱
······pp. 74~75

연습하기

1 ❶ **고분자**: 화합물 가운데 분자량이 대략 1만 이상인 분자
   ❷ **화합물**: 둘 이상의 원소의 원자를 가진 동일한 분자로 이루어진 물질
   ❸ **가공**: 원자재나 반제품을 인공적으로 처리하여 새로운 제품을 만들거나 제품의 질을 높임
   ❹ **포장재**: 공업 제품이나 농산물 따위를 포장하는 데 쓰는 재료

직접 써 보기

1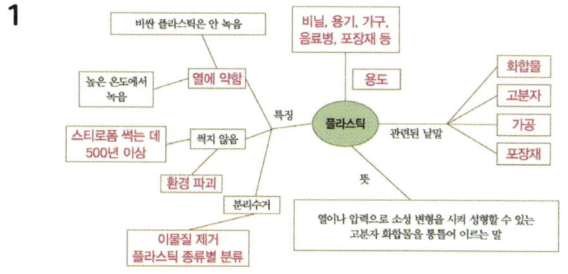

2 플라스틱은 비닐, 용기, 가구, 음료병, 포장재 등 수많은 곳에 사용됩니다. 플라스틱은 썩지 않기 때문에 분리수거에 주의를 기울여야 환경 파괴를 조금이라도 줄일 수 있습니다. 플라스틱을 분리수거할 때는 이물질을 제거하고, 플라스틱의 종류에 따라 분류해서 버려야 합니다.

08 사전을 활용한 주제별 글쓰기 - ⑤ 세종특별자치시
······ pp. 76~77

연습하기

1 ❶ **공모**: 일반에게 널리 공개하여 모집함
❷ **행정**: 정치나 사무를 행함
❸ **이바지하다**: 도움이 되게 하다.
❹ **대응하다**: 어떤 일이나 사태에 맞추어 태도나 행동을 취하다.

직접 써 보기

1 (세종특별자치시 마인드맵: 면적과 인구 - 면적: 464.9km², 인구: 2023년 9월 기준 385,932명; 특징 - 유일한 특별자치시, 세종대왕에서 명칭을 가져옴; 이곳이 생긴 이유 - 수도권에 인구가 몰리는 부작용 예방, 국가 균형 발전 이바지, 북한의 침투에 대응할 시간을 벌기 위해서라는 설; 정부 기관 이전 - 국무총리 관저; 위치 - 대한민국 중북부; 출범 - 2012년 7월 1일)

2 세종특별자치시는 2012년 7월에 선정된 대한민국 유일의 자치시입니다. 면적은 464.9km²이고, 인구는 2023년 9월 기준으로 385,932명입니다. 세종특별자치시는 대한민국 중북부에 위치하여 국가 균형 발전에 이바지하고 있습니다.

4단원 원고지 쓰기

01 문장 부호 쓰기 ① ······ pp. 80~81

연습하기

1

❶ | 야 | ! | 반 | 갑 | 다 | . | 너 | | 어 | 디 | | 가 | (○)
| 야 | ! | 반 | 갑 | 다 | . | 너 | | 어 | 디 | | 가 | 고 | ( )

❷ | | " | 아 | 프 | 냐 | ? | 나 | 도 | | 아 | 프 | 다 | . | " | ( )
| | " | 아 | 프 | 냐 | ? | | 나 | 도 | | 아 | 프 | 다 | . | " | (○)

❸ | 처 | 음 | - | | 가 | 운 | 데 | - | | 끝 | . | | 31 | ( )
| 처 | 음 | - | 가 | 운 | 데 | - | 끝 | . | | 31 | ~ | 47 | (○)

2

	아	침	이		되	었	다	.					
	"	연	주	야	!		아	침		운	동		가
지		않	을	래	?	"							
	아	빠	가		물	었	다	.		하	지	만	나
는		진	짜		나	가	기		싫	었	다	.	
	"	아	니	,		나	는		가	고		싶	지
않	아	.	"										

02 문장 부호 쓰기 ② ········· pp. 82~83

연습하기

1

❶
| (| 1 |) | 곰 | , | 고 | 양 | 이 | , | 원 | 숭 | 이 | ( ) |
| (| 1 |) | | 곰 | , | 고 | 양 | 이 | , | 원 | 숭 | 이 | (○) |

❷
| 오 | 후 | | 3 | 시 | | 20 | 분 | (| 3 | : | 20) | ( ) |
| 오 | 후 | | 3 | 시 | | 20 | 분 | (| 3 | : | 20 |) | (○) |

❸
'	너	는		무	엇	을		하	고		있	어?'	(○)
'	너	는		무	엇	을		하	고		있	어
?	'												( )

2

철	수	가		학	교		도	서	관	에	서
"	네	가		좋	아	하	는		책	은		뭐	니?"
라	고		나	에	게		물	었	다	.		나	는
과	학		잡	지	:		뉴	턴	,		축	구		잡
지	:		12	월		(| 역 | 사 |)	을		좋	아	한
다	.		철	수	는		깜	짝		놀	라		"	왜?"
라	고		이	유	를		물	었	다	.

▶ **정답 지도 시 주의할 점** 숫자 사이에 쌍점이 올 때만 붙여 씁니다. 여기서는 낱말과 숫자 사이에 쌍점이 들어갔기 때문에 상황에 따라 붙여 쓰거나 띄어 쓸 수 있습니다. 본 답지에서는 띄어서 썼습니다.

03 문장 부호 쓰기 연습 ········· pp. 84~85

직접 써 보기

1

❶
영	화	관	에	서		'	겨	울	왕	국	'	을		보	고	v
왔	다	.		특	히	,		기	억	에		남	는		장	면	은
엘	사	와		안	나	가		어	린		시	절		만	들	었
던		올	라	프	가		다	시		태	어	나	는		장	면
이	었	다	.		엘	사	가		"	L	e	t		i	t
		g	o	!	"
라	고		노	래	를		부	르	는		순	간	!		올	라
프	가		엘	사	의		손	에	서		탄	생	한	다	.

❷
김	한	얼	의		생	일	에		초	대	합	니	다	.
"	생	일	에		꼭		참	석	해		줘	. "	라	고		한
얼	이	가		간	절	히		부	탁	드	립	니	다	.
날	짜	:		9	월		17	일		오	후		2	:	30
장	소	:		하	늘	키	즈	카	페		(	2	층	)
연	락	처	:		01	0	-	**	**	-	00	00

❸
"	악	몽	은		나	쁜		영	향	을		끼	치	나	요?"
"	꼭		그	런		것	만	도		아	니	랍	니	다	. "
"	그	건		무	슨		뜻	인	가	요	? "
"	악	몽	에	는		자	신	이		평	소		좋	지
않	게		생	각	하	는		감	정	이		나	타	나	는	v
경	우	가		많	죠	.		그	러	한		것	을		극	복
하	려	고		노	력	하	면		도	움	이		되	지	요	.

❹
집		안	에		도	둑	이		들	었	다	.		현	이	는	v
"	도	둑	이	야	! "	라	고		크	게		소	리	를
질	렀	다	.		도	둑	은		어	디	로		나	가	야		할
지		갈	피	를		잡	지		못	했	다	.		현	이	는
"	도	둑	이	야	! "	라	고		다	시		한	번		소
리	를		질	렀	다	.		도	둑	은		"	어	디	?		어
디	야	? "	라	고		말	하	면	서		불	을		켰	다	.
도	둑	은		깜	짝		놀	란		아	빠	였	다	.

04 원고지에 숫자와 영어 쓰기 ········· pp. 86~87

연습하기

1

❶
| Wh | at | | ti | me | | is | | it | | now | ? | ( ) |
| W | h | a | t | | ti | me | | is | | it | | no | w? | (○) |

❷
인	구	수		1	위	는		인	도	로
1,	42	8,	62	3,	17	3		명		(	20	23		년		기	(○)
인	구	수		1	위	는		인	도	로		1,
42	8,	62	3,	17	3		명		(	2	0	23		년	( )

❸
어	제		몬	스	터		대	학	교		(	M	on
st	er	s		U	ni	ve	rs	it	y	)		라	는	(○)
어	제		몬	스	터		대	학	교
(	M	on	st	er	s		U	ni	ve	rs	it	y	)	( )

2

"	C	an		yo	u		he	lp		me	?	"
"	S	or	ry	,	I		ca	n'	t	.	"	
할		수		없	이		택	배	비		13	,0	00
원	을		들	여	서		물	건	을		서	울	
(	S	eo	ul	)	로		보	냈	다	.		

▶ **정답 지도 시 주의할 점** 여는 괄호가 한 행의 끝에서 시작될 때에는 끝 칸을 비우고, 다음 줄 첫 칸에 써 준다고 알려 주세요.

05 원고지에 동시 쓰기 ················ pp. 88~91

직접 써 보기

1

❶

	〈	동	시	〉						
					감	기				
								이	태	현
콜	록	!		콜	록	!				
감	기	에		걸	렸	다	.			
추	운		겨	울	,					
집		안	에	만		박	혀		있	던	나

이	불		속	에	서		꼼	짝	하	지		않	았	던	나
밥		먹	을		때	만		쏙		나	갔	다	가		빨
리		돌	아	왔	던		나								
지	금	은		이	불		속	에	서		뛰	쳐	나	가	
바	깥		공	기	를		맘	껏		들	이	마	시	고	
싶	다	.													

❷

	〈	동	시	〉						
					어	색	한		너	
							한	서	진	
가	끔	씩								
나	는		네	가		어	색	해	.	
왜	냐	고		물	으	면				

뭐	라	고		말	하	지		못	하	겠	지	만
그	냥		네	가		너	무		어	색	해	.
뭐	랄	까	?									
네	가		나	에	게		다	가	올		때		가	끔	씩
흠	칫		놀	라	는		나					
너	는		어	떠	니	?						
이	런		불	편	한		마	음		너	는		알	고
있	니	?										

❸

	〈	동	시	〉						
				다	른		사	람	이		보	는		나
									고	예	리	
나	는											
예	민	하	고	,	새	침	하	지	만	…	…	
다	른		사	람	을		잘		챙	기	고	,	배	려	심
이		깊	다	.								

하	지	만										
얘	는		우	악	스	럽	다	.				
쟤	는		상	냥	하	다	.					
걔	는		침	착	하	다	.					
내	가		보	는		나	와		네	가		보	는		나
너	의		눈	에		나	는		어	떤		사	람	일	까?
단	순	한		사	람	이		아	니	었	으	면	…	…

5단원 장르 및 목적에 따라 글쓰기 (1)

01 일기 – ① 글감 찾고 생각이나 느낌 적기 ……pp. 94~95

연습하기

1, 2

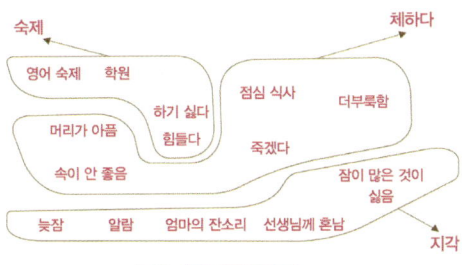

3

4 ❶ **글감**: 점심 식사 때문에 체한 나
생각이나 느낌: 갑자기 속이 안 좋고, 배에 가스가 차니까 기분이 나빴다. 머리가 아파서 죽을 것 같았다.
❷ **글감**: 가족과 함께 불고기를 먹은 일
생각이나 느낌: 불고기는 역시 꿀맛이었다. 가족과 함께 오랜만에 나들이를 하니 신났다.

02 일기 – ② 다양한 형식으로 일기 쓰기 ……pp. 96~101

연습하기

1 ❶ **글감**: 체한 나
형식: 만화
이유: 음식이 소화가 안 돼서 점점 배가 불러 가는 고통스러운 나의 모습을 재미있게 표현하고 싶다.
❷ **글감**: 영어 숙제
형식: 상장
이유: 힘들고 고되지만 끝까지 숙제를 하는 나에게 상장을 주고 싶다.

직접 써 보기

⟨네 컷 만화로 표현하기⟩

1 점심을 먹고 심하게 체한 나의 모습

2 ❶ 점심을 맛있게 먹는 나
❷ 가스가 차서 점점 부풀어 가는 배
❸ 머리가 지끈지끈 아프고, 배는 터질 것 같음
❹ 친구들이 등을 두드려 주고, 소화제를 먹는 나

3 ▶ 만화에 들어갈 내용을 창의적으로 재미있게 그려 보세요.

⟨인터뷰로 표현하기⟩

▶ **정답 지도 시 주의할 점** 인터뷰는 질문하는 사람과 대답하는 사람의 대화로 이루어지기 때문에 '인터뷰 일기'를 쓸 때는 질문하고 싶은 사람이 누구인지, 또 그에게 어떤 질문을 할지 먼저 생각해야 한다고 알려 주세요. 질문에 대한 답을 자신이 상상해서 써야 하기 때문에 자신의 생각이나 느낌을 창의적으로 작성할 수 있고, 답하는 사람이 어떤 생각을 했는지 감정 이입할 수 있는 좋은 방법이라는 점도 설명해 주세요.

1 요즘 학교에 지각을 많이 하는 나

2 **인터뷰하고 싶은 사람**: 나
인터뷰 질문 내용:
– 오늘은 왜 늦잠을 잤나요?
– 학교에 늦었을 때의 기분은 어땠나요?
– 요즘 자주 지각하는 이유가 뭐라고 생각하나요?
– 지각을 안 하려면 어떻게 해야 할까요?

3 아침잠이 많은 내가 원망스럽다. 지각을 많이 해서 마음이 심란하다.
▶ **심란하다**: 마음이 어수선하다.

4 **질문**: 안녕하십니까? 오늘은 아침잠이 많아서 지각을 자주 하고 있는 저와 인터뷰해 보겠습니다.
나: 안녕하세요? 편히 질문 주세요.
질문: 첫 번째 질문입니다. 오늘은 왜 늦잠을 자게 되었나요?
나: 어제 오빠와 스마트폰을 하다가 늦게 잠이 들었습니다. 또, 아침에 알람음을 듣지 못했습니다.
질문: 학교에 늦었을 때 기분이 어땠나요?
나: 요새 지각 때문에 선생님께 주의를 들었는데 또 지각을 해서 하늘이 무너지는 기분이었습니다.
질문: 요즘 자주 지각하는 이유는 무엇 때문이라고 생각하세요?
나: 당연히 늦게 자기 때문입니다. 요새는 항상 12시 이후에 잠을 잡니다.
질문: 그렇다면 지각을 안 하려면 어떻게 해야 할까요?
나: 스마트폰 사용을 줄이고 잠자리에 좀 더 일찍 들어야 합니다. 내일부터는 지각하지 않으면 좋겠습니다.

〈상장으로 표현하기〉

▶ **정답 지도 시 주의할 점** '상장 일기'에는 상장의 제목, 받는 사람, 상장을 주는 이유, 상장을 주는 사람이 들어가야 한다는 점을 알려 주세요. '상장의 제목'은 상장을 주는 이유에서 찾아서 지을 수도 있고, 직접 창의적으로 만들 수도 있다고 미리 알려 주세요.

1 고되고 힘들지만 끝까지 영어 숙제를 한 나

2 **상장을 주고 싶은 사람**: 나
상장을 주고 싶은 이유: 영어 숙제 하기가 너무 싫었다. 하지만 고되고 힘든 시간을 이겨 내고 결국 숙제를 끝마쳤다.

3 노력상, 최선상, 극복상

4   극복상

                                나

위 어린이는 영어 숙제가 너무나 하기 싫었습니다. 하지만 그는 고되고 힘든 시간을 극복하고 영어 숙제를 끝마쳤기에 이를 칭찬하여 상장을 수여합니다.

5월 24일
스스로가 스스로에게
잘했다!

03 생활문 - ① 마음을 드러내는 표현 알기 ······ pp. 102~103

연습하기

1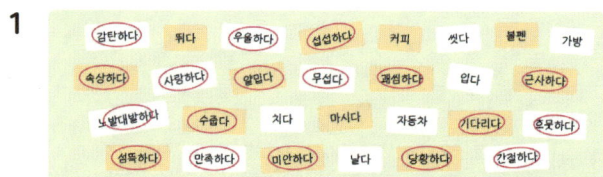

▶ **정답 지도 시 주의할 점** '기다리다'는 '움직임을 나타내는 표현'이지만 마음이나 감정을 나타내는 낱말이라고 생각할 수 있어요. '기다리다'의 유의어로 '기대하다, 바라다' 등이 있다고 알려 주세요. '몹시 노하여 펄펄 뛰며 성을 내다.'는 뜻의 '노발대발하다'도 움직임을 나타내는 표현이지만, 감정을 나타내는 낱말로 볼 수 있음에 유의해 주세요.

2
기본 감정	관련 있는 낱말
좋다	근사하다, 사랑하다
싫다	얄밉다, 괘씸하다
기쁘다	만족하다, 흐뭇하다
슬프다	우울하다, 속상하다
부끄럽다	미안하다, 수줍다
놀라다	감탄하다, 당황하다
화나다	섭섭하다, 노발대발하다
두렵다	무섭다, 섬뜩하다
바라다	간절하다, 기다리다

직접 써 보기

1 ❶ **생각이나 느낌**: 내가 먹는 귤을 직접 딴다고 생각하니 기분이 좋았다. 무척 힘들었지만 직접 딴 귤을 먹어 보니 사 먹는 귤보다 달고 시원했다.
❷ **생각이나 느낌**: 차가 빵빵거렸을 때 너무 놀라서 숨도 쉴 수 없었다. 화가 나서 얼굴이 붉으락푸르락해졌지만 크게 심호흡하고 화를 삭였다.
▶ **붉으락푸르락**: 몹시 화가 나거나 흥분하여 얼굴빛 따위가 붉게 또는 푸르게 변하는 모양

2 **겪은 일**: 건강에 좋다는 아침 찬물 샤워를 한 일

생각이나 느낌: 찬물이 온몸에 닿는 순간 모든 감각이 깨어나는 기분이었다. 찬물로 씻고 나니 심장이 쿵쾅거렸고 기분이 좋아졌다.

04 생활문 - ② 겪은 일을 실감 나게 쓰기 ······pp. 104~105

연습하기

1 담임 선생님께서 결혼하셔서 신혼여행 기간 동안 새로운 선생님께서 반을 맡아 주신 일

2 새롭다, 신기하다, 무섭다, 재밌다, 신비롭다, 친해지고 싶다, 웃기다, 어색하다

3

	생활문 개요
누구와	새로 온 선생님
언제, 어디에서	담임 선생님께서 신혼여행 가셨을 때, 교실에서
무엇을, 어떻게	무서운 남자 선생님께서 수업을 가르침 재미있는 이야기를 많이 해 주심
생각이나 느낌	처음에는 조금 어색하고 무서웠지만 수업을 받고 나니 재미있는 선생님인 걸 깨달았다. 좀 더 친해지고 싶었다.

직접 써 보기

1 **제목: 새로 온 선생님**

　지난주에 담임 선생님께서 결혼하고 신혼여행을 가셨다. 그 기간 선물 같은 일이 일어났으니, 바로! 며칠 동안 새로운 선생님께서 우리 반을 가르치게 된 것이다. 무섭게 생긴 남자 선생님이 교실 문을 열고 들어왔을 때 깜짝 놀랐다. 선물을 기대했는데 이건 악몽이 아니냐는 생각까지 들었다.

　하지만! 새로운 선생님의 수업은 무척 웃기고 재미있었다. 뭔가 한마디, 한마디가 정곡을 찌른다고 할까? 나 말고도 많은 아이가 선생님의 말씀에 깔깔대며 웃었다. 새로 온 선생님이 처음에는 조금 어색하고 무서웠지만, 시간이 흐르자 재미있는 선생님이라는 걸 깨달았다.

　일주일의 짧은 시간이지만 선생님과 좀 더 많은 것을 배우고, 즐겁게 지냈으면 한다. 그리고 선생님과 친해지는 기회가 생기면 좋겠다.

05 편지글 - ① 전하고 싶은 마음 적기 ······ pp. 106~109

연습하기

1 ❶ 예준이가 아파트 경비원 아저씨께
　❷ 아파트 출입문이 고장 났을 때 경비원 아저씨께서 즉시 조치를 취해 주셨다.
　❸ 고맙고 감사한 마음

2 가슴이 얼마나 벅차올랐는지 모르실 거예요. 저에게는 아저씨가 마치 무엇이든 해결할 수 있는 만물박사처럼 보였거든요.

▶ **정답 지도 시 주의할 점** 전하고 싶은 말은 구체적으로 적게 지도해 주세요.

직접 써 보기

❶ 택배 아저씨께서 열심히 배달해 주신 덕분에 저는 집에서 편하게 물건을 받을 수 있었어요. 그리고 "물건 도착했습니다. 좋은 하루 되세요."라고 문자를 보내 주는 아저씨 덕분에 제 기분도 덩달아 행복해졌습니다.

❷ 어제 집에서 필통을 챙기지 않는 바람에 펜이 없었거든. 나는 네가 제일 편안한 친구라고 생각해서 펜을 빌려달라고 말했는데, 네가 거절해서 마음이 안 좋아. 무슨 일이 있는 건 아닌지 솔직하게 얘기해 줬으면 좋겠다.

❸ 뛰기 전에 네가 많이 긴장한 것이 눈에 보였어. 게다가 뛸 때는 다리까지 말을 안 듣는 것 같더라. 뛰고 난 후에 속상해하는 너의 얼굴 때문에 나도 가슴이 아팠어. 우리 반이 진 건 네 잘못이 아니니까 너무 슬퍼하지 마.

❹ 일찍 일어나려고 굳게 마음먹었는데 아침에 눈을 뜨기가 왜 이렇게 힘든지 모르겠어요. 앞으로는 알람을 꼭 맞춰 두고 잘게요. 학교에 늦지 않도록 최선을 다하겠습니다.

❺ 몸은 어떠세요? 저도 예전에 크게 다쳐서 병원에 입원한 적이 있는데 얼마나 괴로웠는지 몰라요. 삼촌이 어서 빨리 회복해서 웃는 얼굴로 만나면 좋겠어요.

06 편지글 - ② 마음을 전하는 글쓰기 ······ pp. 110~113

연습하기

1. **친구 1**–보드게임을 하다가 다툰 일 사과하기
   친구 2–이번에 나온 영화를 같이 보러 가자고 부탁하기
   선생님–재미있게 가르쳐 주셔서 고맙다고 말하기

2. **친구 1**: 미안하다, 같이 놀고 싶다, 슬프다, 속상하다, 억울하다, 부끄럽다
   친구 2: 즐겁다, 재미있다, 신난다, 경쾌하다, 기대하다, 흐뭇하다, 기쁘다

3. **받는 사람**: 친구 지유
   첫인사: 가을 인사
   전하고 싶은 말: 이번 주말에 같이 놀자고 부탁함, 기쁜 마음으로 허락해 주면 좋겠다는 말
   끝인사: 기대하는 마음, 기다리겠다는 말
   쓴 날짜: 20○○년 10월 12일
   쓴 사람: 너의 친구 혜빈이

직접 써 보기

1.   나의 친구 지유에게

   안녕? 지유야. 아침과 저녁 선선한 바람이 부는 아름다운 계절, 가을이 다가왔어. 요새 어떻게 지내고 있니? 너에게 부탁이 있어서 편지를 쓰게 됐어.
   혹시 이번 주말에 계획이 있니? 가을도 되고 해서 너와 함께 영화관에 갔으면 좋겠다고 생각했거든. 너하고 영화관에 가서 재미있는 영화도 보고, 그 앞에서 맛있는 음식을 먹으면 행복할 것 같아. 지유야, 기쁜 마음으로 허락해 주면 좋겠어.
   나는 이번 주말이 너무 기대된다. 답 기다릴게. 좋은 하루 보내!

   20○○년 10월 12일
   너의 친구 혜빈이가

07 이야기 쓰기 - ① 인물, 사건, 배경 ······ pp. 114~115

연습하기

1. **인물**: 양치기 소년
   사건: 양치기 소년의 거짓말에 속은 마을 사람들이 화가 남
   배경(장소): 넓은 초원

2. • 다른 사람의 마음을 생각하지 않는 것을 보니 배려심이 없다.
   • 자신의 마음을 있는 그대로 말하는 것을 보니 솔직하다.

3. 저 덕분에 힘이 나지 않으셨어요? 이 지루한 일상이 즐거워지지 않았느냐고요?

08 이야기 쓰기 - ② 이야기 상상하여 이어 쓰기
······ pp. 116~117

연습하기

1. 양치기 소년은 심심해서, 늑대가 나타났다고 소리를 지름
   양치기 소년이 거짓말했다는 것을 안 마을 사람들이 양치기 소년에게 화를 냄

2. **인물**: 양치기 소년, 마을 사람들, 양치기 소년의 엄마와 아빠
   배경: 양치기 소년의 집
   사건: 마을 사람들은 양치기 소년을 그대로 둘 수 없어서 양치기 소년의 집으로 찾아가 소년의 부모에게 따졌다. 양치기 소년의 부모는 마을 사람들에게 죄송하다고 사죄를 한 후, 양치기 소년을 크게 야단쳤다.

직접 써 보기

1.   "엉엉, 잘못했어요."
   양치기 소년은 크게 울었어요. 두 손으로 싹싹 빌었지만 부모님은 그를 용서치 않았답니다.

"너의 행동은 다른 사람들에게 폐를 끼쳤어. 그냥 둘 수 없구나. 이제 너에게 양치기 일은 맡길 수 없어. 또 집에서 일주일간 스마트폰 사용 금지다."

마을 사람들이 소년의 부모에게 따졌을 때 양치기 소년은 코웃음을 쳤어요. 하지만 양치기 일을 못 하게 된 데다가 스마트폰까지 사용할 수 없다니! 양치기 소년은 자기 잘못을 뼈저리게 느꼈어요. 하지만 엎지른 물을 되돌릴 수는 없었지요.

이 일로 양치기 소년은 반성을 많이 했어요. 그리고 다시는 그러지 않겠다고 부모님과 마을 사람들에게 서약했어요.

그다음에는 어떻게 됐냐고요? 양치기 소년은 거짓말하지 않고 열심히 일해서 그 나라 최고의 양치기가 됐답니다.

09 이야기 쓰기 - ③ 이야기 바꾸어 쓰기 ...... pp. 118~119

연습하기

1

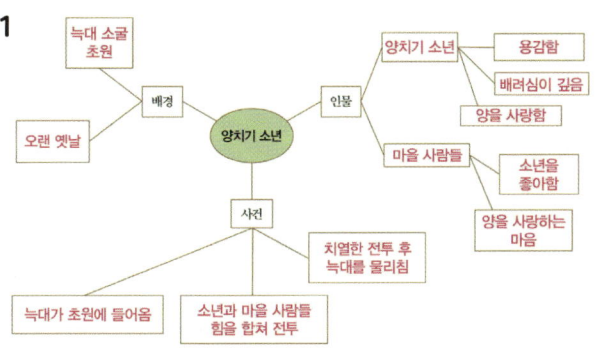

직접 써 보기

1 아주 오랜 옛날, 용감한 양치기 소년이 살았어요. 양치기 소년은 배려심이 깊고, 자신이 키우는 양을 무척 사랑했어요. 마을 사람들은 이런 양치기 소년을 좋아했어요. 양치기 소년과 마찬가지로 마을 사람들도 양 떼를 매우 사랑했지요.

하지만 문제는 늑대였어요. 늑대 소굴에 어마어마하게 늑대들이 많았거든요. 어느 날, 늑대들은 양을 차지하기 위해 모든 무리를 이끌고 초원에 나타났어요. 그 사실을 미리 알았던 양치기 소년과 마을 사람들은 만반의 준비를 갖추고 늑대 무리를 마주했어요. "힘내세요! 이기면 우리는 평화로운 초원을 얻을 수 있습니다." 양치기 소년의 힘찬 구호와 함께 늑대 무리와의 전투가 시작됐어요. 상처를 입고 피를 흘렸지만, 양치기 소년과 마을 사람들은 늑대들의 공격에 기죽지 않았어요. 마치 그들은 하나가 된 것처럼 늑대를 물리치기 위해 단결했어요.

아침이 밝아 오기 시작할 무렵 늑대들은 서서히 도망가기 시작했어요. 해가 떠오름과 동시에 소년과 마을 사람들의 몸에 다시 힘이 돌아왔거든요. 늑대는 도저히 이길 수 없겠다고 생각했는지 자기 소굴도 버린 채 멀리 달아났어요. 양치기 소년과 마을 사람들의 승리였어요.

양치기 소년은 눈물을 흘리며 마을 사람들에게 감사를 표했어요. 마을 사람 중 대표가 나와서 말했어요.

"소년아! 너의 용기와 배려심이 우리의 마음을 움직였어. 승리는 분명히 너 때문이야! 우리가 더 고맙다!"

6단원 장르 및 목적에 따라 글쓰기 (2)

01 설명하는 글 – ① 내용 간추리기 ······ pp. 122~125

연습하기

1 〈에버랜드 관람 요약〉

직접 써 보기

1 ❶ **둘째 문단**: 2023년 3월 기준으로 흥행 수익이 22억 4천 4백만 달러를 넘겨서 〈아바타: 물의 길〉이 〈타이타닉〉을 누르고 전 세계 영화 박스오피스 3위에 자리하고 있다.
❷ 포도가 먹고 싶은 여우는 구멍에 들어가려고 몇 날 며칠을 쫄쫄 굶음 ➡ 배가 쏙 들어간 여우는 구멍으로 들어가 포도를 맛나게 먹음
❸ **바둑의 특징**: 돌로 둘러싸인 집을 상대방보다 더 많이 만드는 것이 목적
장기의 특징: 장기 말을 움직여 상대방의 왕을 잡는 것이 목적, 체스·샹치·쇼기 등과 비슷
공통점: 두 명이 서로 한 번씩 수를 두는 게임, 경우의 수가 무한정, 오랫동안 실력을 갈고 닦아야 함

❹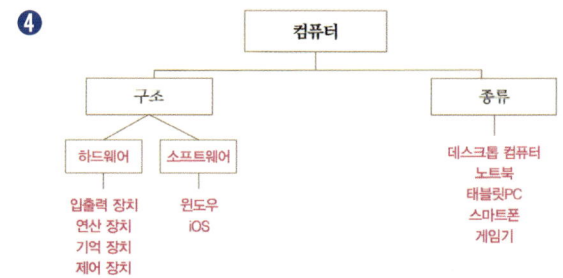

02 설명하는 글 – ② 이야기 줄거리 쓰기 ······ pp. 126~129

연습하기

1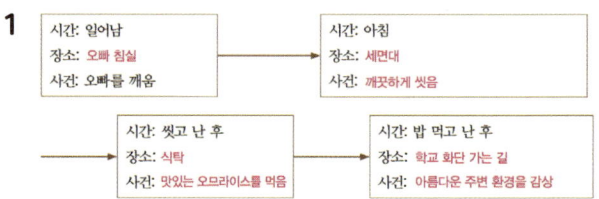

2 맑고 순수하다, 작은 일에도 기쁨을 느낀다, 감수성이 풍부하다

3 비 오는 날 아침, 일찍 일어난 기쁨이는 오빠를 깨운다. 그다음 세면대로 가서 얼굴을 깨끗이 씻는다. 식탁으로 가니 엄마가 아침밥으로 오므라이스를 해 줬다. 기쁨이는 고소하고 부드러운 오므라이스를 먹으면서 마음속으로 오므라이스와 즐거운 대화도 나눈다. 다른 아이보다 일찍 집을 나선 기쁨이는 주변 환경에서 행복을 느낀다. 학교 화단에 가서 여러 동물, 식물과 인사를 나누는 기쁨이. 기쁨이는 자신의 감정을 소중히 여기고, 예쁜 삶을 사는 아이다.

03 설명하는 글 – ③ 자신의 미래 모습 상상하기(꿈 쓰기)
······ pp. 130~133

연습하기

1 • 인공 지능과 사람이 대화를 나눌 수 있고, 인공

지능이 생활의 여러 가지 문제를 해결해 줄 것이다.
- 인공 지능이 고장 나면 인간의 생활도 정지될 것이다.

2 이세돌은 인공 지능과 끝까지 겨루어 그들도 약점이 있다는 것을 밝혀냈다.

3 미래의 모습: 인공 지능의 도입으로 생활의 불편함이 거의 사라지게 될 것이다.
사람들이 겪을 수 있는 문제: 인간 스스로 몸을 움직이는 일이 줄어들어 비만이 늘어날 것이다.
내가 할 수 있는 일: 생활에서 인공 지능을 활용하는 일을 최소화하도록 노력할 것이다.
그로 인한 변화: 자급자족하기 위해 농사를 짓고 밭을 일굴 것이다.

4 인공 지능이 세상을 어떻게 바꾸게 될까? 인공 지능은 생활의 모든 곳에 도입되고, 인간이 편안한 삶을 살도록 도울 것이다. 생활에서 느끼는 불편함이 거의 없어진다는 의미이다. 이에 길들여지면 인간은 인공 지능 없이는 생활할 수 없는 지경에 이르게 될 것이다. 또, 몸을 움직이지 않으므로 비만 인구도 폭발적으로 증가할 것이다.

이러한 세계에서 내가 무엇을 할 수 있을까? 나는 생활 속에서 인공 지능을 사용하는 일을 최소화하고, 인공 지능에서 벗어나 인간답게 생활하고 싶다. 도시를 떠나 한적한 시골에서 스스로 농사를 짓거나 밭을 일구는 삶. 이렇게 자연과 함께하며 자급자족하는 삶이 내가 꿈꾸는 만족스러운 삶이라고 생각한다.

직접 써 보기

1

▶ **정답 지도 시 주의할 점** 미래의 모습을 상상하면 어떤 꿈을 가지고 싶은지, 그 이유는 무엇인지 아이와 먼저 이야기를 나눠 보는 것도 좋습니다. 꿈이 꼭 하나여야 할 필요는 없어요. 아이가 꿈을 자유롭게 상상해 볼 수 있게 해 주세요.

2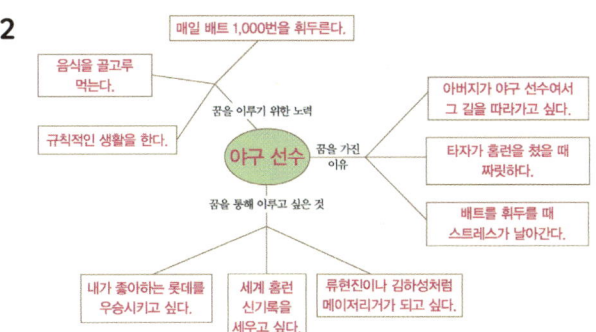

3 나는 커서 야구 선수가 되고 싶다. 아버지께서 야구 선수인 것도 이유이겠지만, 그것보다 더 큰 이유는 타자가 치는 홈런에 짜릿함을 느끼기 때문이다. 그리고 운동장에서 배트를 휘두를 때 스트레스가 확 풀린다.

야구 선수가 되려면 가장 중요한 것은 음식을 골고루 먹고, 규칙적인 생활을 하는 것이다. 아버지께서도 이것이 운동 선수의 첫 번째 덕목이라고 말씀하셨다. 거기에 매일 배트를 1,000번씩 휘두른다면 훌륭한 야구 선수에 조금은 다가갈 수 있을 것이다.

만일 야구 선수가 된다면 제일 이루고 싶은 것은 내가 좋아하는 롯데를 우승시키는 일이다. 그 후에 류현진이나 김하성처럼 메이저리그에 진출하고 싶다. 뿐만 아니라 세계 홈런 신기록까지 경신해서 박찬호나 베이브 루스처럼 위대한 야구 선수로 남고 싶다.

04 설득하는 글 – ① 회의 주제에 맞는 글 작성하기
·······pp. 134~135

연습하기

1 ❶ 어떠한 방식으로 교실 청소를 해야 할까요?
❷ 급식을 남기지 않으려면 어떻게 해야 할까요?

직접 써 보기

1 ❶ **주장**: 하루 스마트폰 사용을 1시간 이내로 줄입시다.
근거: 스마트폰을 많이 사용하면 주의력 결핍 과잉

행동 장애(ADHD)와 같은 질병을 얻을 수 있습니다. 또, 잠들기 전에 스마트폰을 사용하면 스마트폰에서 나오는 블루라이트 때문에 제대로 잠을 잘 수 없습니다.

❷ **주장**: 아침 자습 시간에는 개인적인 일을 하도록 합시다.

근거: 아침 자습 시간에 떠들면 여러 사람에게 피해가 갑니다. 그러므로 혼자서 독서를 하거나 큐브 맞추기, 그림 그리기 등 아침 자습 시간을 개인적으로 사용합시다. 이렇게 시간을 활용한다면 '아침 자습 시간'에 누구나 조용히 원하는 일을 할 수 있을 것입니다.

❸ **주장**: 성인과 어린이 PC방을 분리합시다.

근거: 성인과 어린이 PC방을 분리하면 어린이들이 나쁜 영상을 보거나 잔인한 게임을 하는 것을 쉽게 차단할 수 있습니다. 또, 어린이 PC방 이용 시간을 제한한다면 아이들에게 올바른 PC 사용 환경을 조성할 수 있습니다.

05 설득하는 글 – ② 글쓴이의 의견이 적절한지 평가하기
······pp. 136~139

연습하기

1 유찬이의 의견은 적절하다고 생각합니다. 유찬이는 도서관을 자유로운 공간으로 만들자는 근거로 '백색 소음'이라는 과학적 사실을 제시했습니다. 이러한 전문적인 연구 결과는 주장을 뒷받침할 수 있는 좋은 근거라고 생각합니다. 하지만 연구 결과의 출처를 제시하지 않은 점은 조금 아쉽습니다.

2 은지, 현승, 현석

직접 써 보기

1 ❶ **지아의 의견에 대한 나의 생각**: 지아의 의견은 적절하지 않습니다. 왜냐하면 선생님께 급식 검사를 맡아야 한다는 이유가 타당하지 않기 때문입니다. 담임 선생님께 급식 검사를 받으면 음식을 골고루 먹을 수 있다는 것은 지극히 개인적인 경험을 토대로 나온 말입니다. 이러한 근거가 모든 사람에게 적용될 수 없다고 생각합니다.

주제에 대한 나의 생각: 채소와 같은 음식을 골고루 먹을 수 있도록 학교에서 아이들을 교육해야 합니다. 국민건강보험공단에서 나온 자료를 보면 성장기에 필요한 영양분을 충분히 섭취하는 아이가 점점 줄어들고 있습니다. 특히 영양분 중 칼슘, 비타민A, 비타민C, 철분이 아이들에게 부족하다는 조사 결과가 있습니다. 이를 보충하려면 아이들이 비타민, 무기질이 많은 채소를 먹어야 합니다. 학교에서 영양 교육 시간에 이러한 내용을 아이들에게 적극적으로 교육한다면 아이들도 음식을 골고루 먹도록 노력할 것입니다.

❷ **아빈이의 의견에 대한 나의 생각**: 아빈이의 의견은 적절합니다. 아빈이는 '교통 규칙을 잘 지키도록 안내해야 한다'라는 주장을 제시했고, 그와 관련된 알맞은 근거를 제시했습니다. 특히 도로교통안전공단에서 나온 신뢰할 수 있는 자료를 출처와 함께 제시함으로써 주장에 힘을 보탰습니다.

주제에 대한 나의 생각: 학교에서 아이들에게 교차로 횡단보도를 건널 때 어떻게 건너야 할지 교육해야 합니다. 아이들이 교차로를 건널 때 횡단보도에 파란불이 들어오면 차가 움직이지 않아야 함에도 불구하고, 그대로 우회전하는 차가 많습니다. 차도 주의해야겠지만 아이도 파란불만 보고 길을 건너는 것이 아니라 좌·우를 살펴서 차가 오는지 확인한 후 교차로를 건너도록 가르쳐야 합니다. 이를 통해 교차로 어린이 사망 사고가 조금이라도 줄어들게 될 것입니다.

06 설득하는 글 – ③ 제안하는 글쓰기 ······pp. 140~143

연습하기

1 ❶ **문제 상황**: 급식을 남기는 아이들
해결책을 제안받는 사람: 학교 학생들
❷ **문제 상황**: 마스크를 하지 않고 밥을 주는 조리사, 영양사 선생님

해결책을 제안받는 사람: 조리사, 영양사 선생님
❸ **문제 상황**: 아이들을 주의시키지 않고 식사를 하시는 선생님
제안받는 사람: 선생님

2 **문제 상황**: 점심시간 운동장에서 5, 6학년만 축구 골대를 사용하려고 해서 3, 4학년은 제대로 된 축구를 즐길 수 없다.
제안하는 내용: 한 주는 3, 4학년이, 다른 주는 5, 6학년이 운동장을 사용하도록 학교 규칙을 정한다.
제안하는 까닭: 운동장은 학교 모든 구성원을 위한 공간이다. 격주로 운동장을 사용한다면 학년별로 공평한 운동장 활용이 가능할 것이다.

직접 써 보기

2
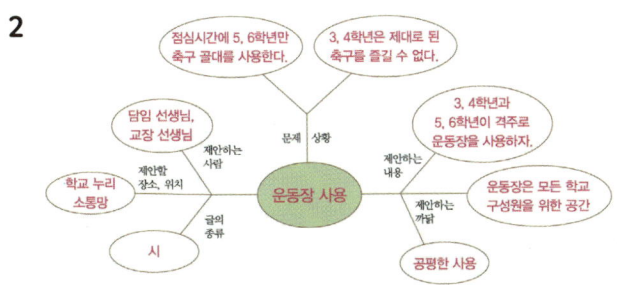

3 운동장 사용

4학년 7반 김소은

누구를 위한 운동장인가?
힘이 없는 3, 4학년은 그저 넋 놓고 있어야 하는가?
5, 6학년의 일방적인 횡포에 우리는 치를 떤다.

모두를 위한 운동장은
지금 5, 6학년만을 위한 운동장이 되었다.

아니다.
서로 조금씩만 배려한다면,
다른 사람을 조금만 더 생각한다면
모두를 위한 운동장 사용이 가능하다.

한 주, 한 주 돌아가며 사용하는 기쁨!
오빠, 언니! 조금만 양보해 주세요.
우리도 축구하고 싶다고요!

7단원 여러 가지 글 익히기

01 생각 떠올리고 내용 정리하기 – 브레인스토밍
····· pp. 146~147

연습하기

1. 예은: 자동차의 구조
   선우: 자동차와 관련된 추억

▶ **정답 지도 시 주의할 점** 쓰고 싶은 내용을 자유롭게 떠올리는 브레인스토밍은 꼭 고정된 칸에 쓰지 않아도 돼요. 떠오르는 생각을 여러 가지 그림을 활용하거나 방법을 달리하여 쓸 수 있다는 것을 아이에게 알려 주세요.

2.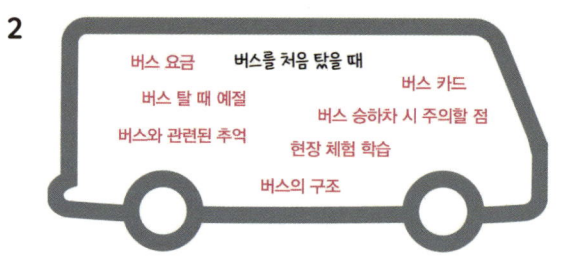

3. 모양: 작은, 계란 모양, 납작한, 물방울, 매끈매끈한, 좁쌀만한
   색깔: 검은색, 약간의 갈색이 섞임
   느낌: 단단한, 매끄러운, 딱딱한

4. 충분한 햇빛 / 적정한 온도 / 내가 사랑해 주면 더 잘 자랄까? / 지구 / 영양분이 많은 흙 / 화분 안과 밖 중 어디에서 더 잘 자랄까?

02 마인드맵 그리기
················ pp. 148~151

연습하기

1. ❶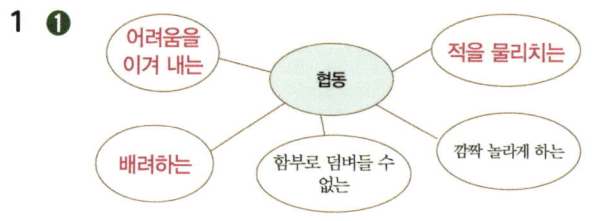

❷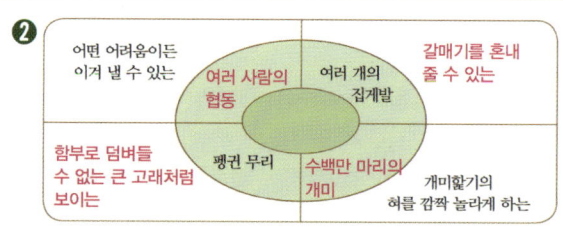

▶ **정답 지도 시 주의할 점** 묘사를 할 때는 생각이나 느낌을 표현하는 낱말(형용사)을 많이 사용한다는 것을 말해 주세요.

▶ **정답 지도 시 주의할 점** 마인드맵도 브레인스토밍과 마찬가지로 여러 가지 형태를 사용할 수 있어요. 글의 흐름에 따라 적당한 마인드맵 그림을 사용한다면 효과적인 내용 조직 활동을 할 수 있다고 지도해 주세요.

직접 써 보기

1.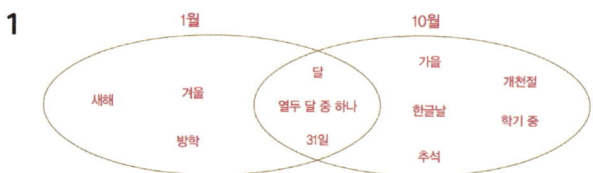

   열두 달 중 1월과 10월은 어떤 공통점과 차이점을 가지고 있을까? 1월과 10월은 열두 달 중 하나를 차지하고 날수가 31일이라는 공통점을 가지고 있다. 하지만 1월이 겨울이라면 10월은 가을이다. 또, 1월은 거의 모든 학교가 방학이라면 10월은 대부분의 학교가 학기 중이다.

2.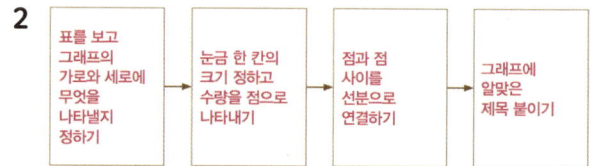

   꺾은선 그래프를 그리는 순서에 대해 알아보자. 먼저 조사한 표를 보고, 그래프의 가로와 세로에 무엇을 나타낼지 정한다. 그런 후 눈금 한 칸의 크기를 정하고, 수량을 점으로 나타낸다. 점과 점 사이를 선분으로 연결하고, 그래프에 알맞은 제목을 붙이면 꺾은선 그래프를 완성할 수 있다.

3

카페에 있는 음료 메뉴에 대해 알아보겠습니다. 대표적인 카페 음료에는 커피, 티, 에이드, 주스 등이 있습니다. 커피에는 아메리카노와 카페라테 등이 있고, 티(tea)에는 페퍼민트와 얼그레이 등이 있습니다. 에이드는 탄산이 들어간 음료를 말하는데 대표적으로 레모네이드와 자몽에이드가 있습니다. 주스는 오렌지 주스가 대표적이고, 수박 주스처럼 특징 있는 메뉴를 파는 카페도 있습니다.

03 개요 짜기 – 다양한 형식으로 독서 감상문 쓰기
····· pp. 152~157

연습하기

1 받는 사람: 노든
첫인사: 이름 말하기, 편지를 쓴 이유 말하기
전하고 싶은 말: 고마움, 편견을 가지지 않기, 다른 사람을 아끼며 사랑하기
쓴 날짜: 202○년 4월 3일

직접 써 보기

1 읽은 책: 책 먹는 여우
인상 깊은 장면: 여우가 맛있게 책을 먹는 모습
생각이나 느낌: 책에서 무슨 맛이 날까 궁금하다, 여우가 책을 먹을 때 왜 소금과 후추를 뿌리는지 이유를 알고 싶다.
표현하고 싶은 방법: 여우의 마음을 동시로 표현하고 싶다.

▶ **정답 지도 시 주의할 점** 동시로 독후감을 쓰면 책에 대한 자신의 생각이나 느낌을 구체적으로 표현할 수 있다고 알려 주세요.

제목: 책의 맛

빵 냄새? 고기 냄새?
No!!!
난 종이 냄새가 제일 좋아.

왜냐고?
종이는 정말 구수한 향이 나거든.

재밌는 맛, 신나는 맛,
화끈한 맛, 슬픈 맛,
그것보다 맛있는 맛은
세상에 없으니까.

소금과 후추?
그건 애피타이저라고나 할까?

네 책도 나에게 건네줘!
다 먹어 버릴 테니까!

2 읽은 책: 랑랑 형제 떡집
인상 깊은 장면: 꼬랑지가 랑랑 형제를 위해 포기하지 않고 떡을 만드는 장면
관련된 경험: 줄넘기 2단 뛰기를 한 번도 하지 못했는데 꾸준히 노력하다 보면 뛸 수 있게 되었다.
경험에 대한 생각이나 느낌: 2단 뛰기를 뛰었을 때의 기쁨은 말로 표현할 수 없다.
책에서 얻은 교훈: 포기하지 않는 마음을 가진다면 무엇이든 해낼 수 있다.

〈랑랑 형제 떡집〉에서 꼬랑지는 랑랑 형제를 위해서 몇 번을 실패해도 포기하지 않고 떡을 만든다. 무엇을 위해서 그렇게 노력할까? 나도 예전에 줄넘기 2단 뛰기를 하지 못했는데 아침, 저녁, 몇 날 며칠을 연습했더니 어느 순간 2단 뛰기를 할 수 있게 되었다. 그 기쁨은 아직도 잊을 수가 없다. 이처럼 꼬랑지도 포기하지 않고 노력해서 랑랑 형제의 문제를 해결할 수 있었다. 나도 힘들어도 끝까지 노력하는 그런 사람이 되고 싶다.

3 **읽은 책**: 나는 3학년 2반 7번 애벌레
인터뷰 대상: 7번 애벌레
하고 싶은 질문: 번데기에서 나비가 됐을 때 어떤 기분이 들었나요?
질문에 대한 예상 답: 나의 꿈이 이루어진 것 같아서 기쁘다는 말
마치는 인사: 앞으로 세상을 마음껏 날아다닐 수 있으면 좋겠다.

기자: 안녕하세요? 오늘은 나비가 된 3학년 2반 7번 애벌레와 이야기를 나누어 보겠습니다.
7번: 안녕하세요? 애벌레에서 나비가 된 7번 애벌레입니다.
기자: 예. 애벌레에서 나비가 되셨는데 그때의 느낌을 여쭤봐도 될까요?
7번: 예, 몸이 쑤시고 졸려서 죽는 건 아닐까라고 생각했는데 잠에서 깨니 번데기에서 나와 나비가 될 수 있었어요. 어려움을 겪고 나비가 되었을 때의 감정은 이루 말할 수 없이 기뻤습니다.
기자: 그렇군요. 큰 기쁨을 느끼셨군요. 나비가 되셨으니, 앞으로는 세상을 자유롭게 날아다니셨으면 좋겠습니다. 인터뷰 감사합니다.

4 **읽은 책**: 불량한 자전거 여행
인상 깊은 장면: 호진이가 자전거를 타면서 고생하는 장면
만화로 표현하고 싶은 장면: 호진이가 자전거를 타면서 몸이 타고, 살이 꺼져 고생하는 장면, 호진이는 힘들지만 계속해서 자전거를 탄다.
이 장면에 대한 생각이나 느낌: 집 나가면 고생이란 말이 와닿았다. 힘들지만 계속해서 자전거를 타는 호진이가 대단했다.
(예) 1. 자전거를 타면서 온몸이 타서 까만 호진이의 힘들어 보이는 얼굴
2. 호진이가 "나는 해낼 수 있어!"라고 외치면서 끝까지 자전거를 타는 장면
▶ 만화에 들어갈 내용을 창의적으로 재미있게 그려 보세요.

5 **읽은 책**: 악플 전쟁
상장의 제목: '마음의 상처를 이겨내!' 상
상장을 주고 싶은 사람: 악플을 받은 서영이
상장을 주고 싶은 까닭: 거짓말 가득한 악플에 바보처럼 가만히 있지 않은 점을 칭찬함
상장을 주는 사람: 너를 응원하는 태윤이

'마음의 상처를 이겨내!' 상

악플을 받아 상처 입은 서영이

위 사람은 흑설공주 미라의 악플에 많은 상처를 받았습니다. 그러나 가만히 있는 것이 아니라 진실을 밝히기 위해서 끝까지 노력했습니다. 탄자니아로 떠난 서영이에게 그간의 노력을 치하하며 이 상장을 수여합니다. 마음의 상처를 이겨 냈으면 좋겠습니다.

서영이를 응원하는 친구 태윤이

04 교과서 글쓰기 – ① 여러 가지 사각형(수학)
...... pp. 158~161

연습하기

1 5 / 한 쌍의 변이 서로 평행한 사각형이기 때문에

2 ❶ 사각형, 사다리꼴, 평행사변형, 마름모
❷ 두 쌍의 변이 서로 평행하고, 네 변의 길이가 같은 사각형

3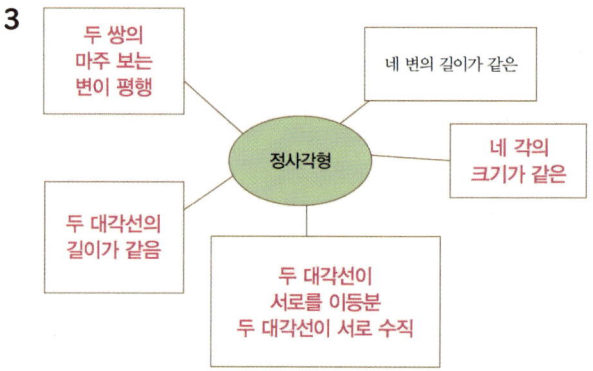

두 대각선이 수직으로 만나는 특성을 가지고 있습

니다. 정사각형은 마름모라고 할 수 있으므로 제시된 각 ㉠은 90도입니다.

직접 써 보기

〈사각형, 사다리꼴, 평행사변형의 관계 이해하기〉

1 네 변, 네 각, 다각형, 사다리꼴, 평행사변형, 마름모, 정사각형, 직사각형, 대각선, 수직 이등분, 90도

2

사각형의 특징	네 변과 네 각을 가진 다각형
사다리꼴의 특징	한 쌍의 마주 보는 변이 평행한 사각형
평행사변형의 특징	두 쌍의 마주 보는 변이 평행한 사각형
각각의 관계	평행사변형은 사다리꼴이나 사각형이라고 부를 수 있다. 사다리꼴은 사각형이라고 부를 수 있지만, 평행사변형이라고 말할 수는 없다.

3 사각형, 사다리꼴, 평행사변형의 관계에 대해서 알아보겠습니다. 먼저 사각형은 네 변과 네 각을 가진 다각형을 의미합니다. 사다리꼴과 평행사변형은 모두 사각형이라고 할 수 있습니다. 사다리꼴은 한 쌍의 마주 보는 변이 평행하고, 평행사변형은 두 쌍의 마주 보는 변이 평행합니다. 그러므로 평행사변형은 사다리꼴이라고 말할 수 있지만 사다리꼴은 평행사변형이라고 말할 수 없습니다.

〈직사각형, 마름모, 정사각형의 관계 이해하기〉

1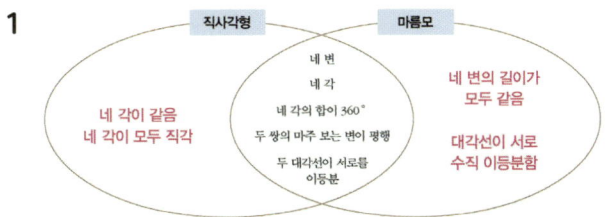

2 정사각형은 두 대각선의 길이가 같고, 두 대각선이 수직으로 만납니다. 하지만 직사각형 중 몇몇은 대각선이 수직으로 만나지 않습니다. 그리고 마름모 중 몇몇은 두 대각선의 길이가 같지 않습니다. 그러므로 직사각형이나 마름모는 정사각형이라고 할 수 없습니다.

05 교과서 글쓰기 – ② 공공 기관(사회)

······ pp. 162~165

연습하기

1

주민 전체의 편의를 위해 만들어진 곳	개인이나 기업의 이익을 위해 만들어진 곳
도서관, 경찰서, 소방서, 초등학교, 우체국	슈퍼마켓, 백화점, 병원, 약국

2 주민 전체의 편의를 위해 / 지역의 중심지나 교통이 편리한 곳에

3 ❶ 국민의 생명, 신체, 재산을 보호한다.
   ❷ 홀로 사는 노인이나 장애인을 돌본다.
   ❸ **소방서**: 불이 나기 쉬운 겨울철에 불조심 캠페인을 한다.
   ❹ 고장 사람들을 위한 문화 행사를 연다.
   ❺ **구청**: 거리를 깨끗이 청소하여 주위 환경을 아름답게 가꾼다.
   ❻ 편지나 소포 같은 우편물을 전해 준다.
   각 고장의 특산물을 주문해서 구입할 수 있다.

4 보건소는 고장 사람들의 건강을 위한 공공 기관입니다. 보건소는 생활이 어려운 사람을 무료로 치료해 주고, 고장 사람에게 질병 예방 교육을 합니다. 또, 홀로 사는 노인이나 장애인을 돌보는 일도 보건소에서 맡아서 해 주고 있습니다.

직접 써 보기

2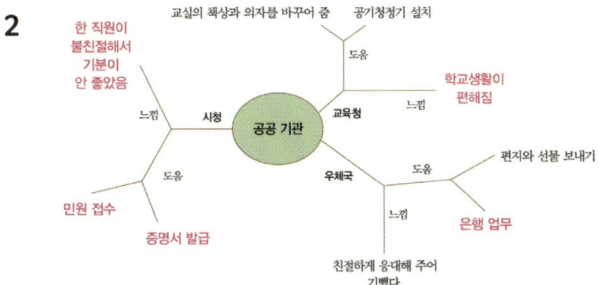

3 공공 기관이 존재하기 때문에 우리의 생활이 조금이나마 더 편리해진다는 것을 느꼈다. 하지만 공공 기관에서 일하는 일부 직원들의 불친절 때문에 마음이 상하는 경우도 있다. 그러므로 공무원이 책임감을 가질 수 있도록 정부에서는 공무원들에게 꾸준한 서비스 교육을 해야 할 것이다.

4 지유: 안녕하세요? 시청 관계자분과 인터뷰해 보도록 하겠습니다.

시청: 안녕하세요? 시청에서 민원 업무를 맡고 있는 담당자입니다.

지유: 네. 지난번에 친구가 시청에서 증명서를 발급받으려고 했는데 굉장히 황당한 일을 겪었다고 하더군요.

시청: 네? 무슨 일인가요? 저희는 친절히 업무를 안내하려고 최대한 노력하고 있는데요.

지유: 네, 한 직원에게 증명서 발급과 관련된 질문을 했는데 바쁘다며 제대로 된 답변을 주지 않았다고 하더군요. 또, 증명서 발급에 상당히 오랜 시간이 걸렸고요.

시청: 그렇군요. 다시는 그런 일이 발생하지 않도록 직원들에게 주의를 주겠습니다.

지유: 감사합니다. 시청은 시민들의 많은 일을 도와주고 있는데, 한 직원이 불친절하면 시청의 전체 이미지가 떨어지는 일도 생길 것 같습니다.

시청: 네. 그것이 저희 일의 어려운 점입니다.

지유: 이런 일이 발생하지 않도록 시청에서 이루어지면 좋겠습니다. 감사합니다.